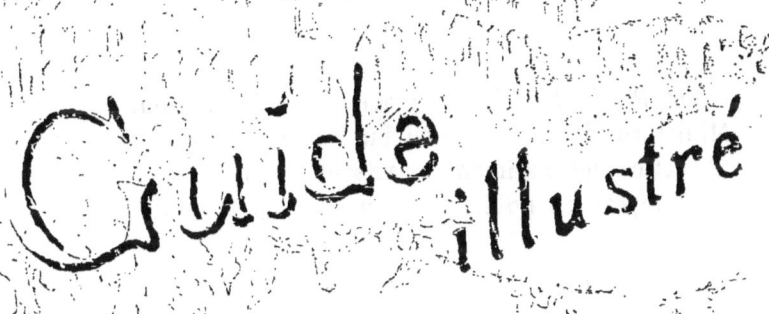

DES

Palais et Jardins

DE

TRIANON

Prix : UN franc

VERSAILLES

L. BERNARD, LIBRAIRE ÉDITEUR

9, RUE SATORY, 9

Les Palais de Trianon, placés dans les attributions du Ministère de l'Instruction publique et des Beaux-Arts (direction des bâtiments civils et des palais nationaux), sont ouverts au public aux heures ci-après indiquées :

Du 1er avril au 30 septembre :
De 10 heures du matin à 5 heures du soir.

Du 1er octobre au 31 mars :
De 11 heures du matin à 4 heures du soir.

Les palais sont fermés le lundi.

Les visiteurs ne peuvent pénétrer dans les appartements que s'ils sont accompagnés d'un homme de service des Palais.

GUIDE

DES PALAIS DE TRIANON

LE PETIT-TRIANON

GUIDE ILLUSTRÉ

DES

PALAIS ET JARDINS

DE

TRIANON

CATALOGUE DES OBJETS D'ART
HISTOIRE ET DESCRIPTION
DANS L'ORDRE DE VISITE DES APPARTEMENTS
DU MUSÉE DES VOITURES
ET DU HAMEAU

VERSAILLES
L. BERNARD, LIBRAIRE-ÉDITEUR
9, RUE SATORY, 9

—

1887

ORIGINES DE TRIANON

LE TRIANON DE PORCELAINE

La dénomination de TRIANON est dérivée du nom d'un hameau, *Triarnum*, qui appartenait à l'abbaye de Sainte-Geneviève depuis le XIIe siècle. — Le roi Louis XIV fit, en 1663, l'acquisition de ce hameau et des terres dont il était entouré. Ce fut ce pauvre village, dont les maisons ont été démolies, qui donna son nom au château que le roi fit édifier sur son emplacement et qu'on appela le Trianon de Porcelaine. Commencé en 1670, il fut achevé en 1674 ; il se composait d'un bâtiment principal et de quatre pavillons qui le précédaient ; château et pavillons n'avaient qu'un rez-de-chaussée mansardé.

Ce premier Trianon, comme on pourrait le croire, n'était pas recouvert tout entier à l'extérieur de plaques de faïence imitant la porcelaine ; — çà et là seulement, il y avait quelques ornements en faïence bleue.

TRIANON DE PORCELAINE

Les jardins étaient très beaux, remplis de fleurs odoriférantes; on y admirait surtout l'orangerie, grand jardin d'hiver planté par Le Bouteux; ils étaient ornés de plusieurs fontaines et d'une cascade construite en rocailles et carreaux de faïence.

Pour mettre tout à l'unisson, palais et jardins, les caisses des orangers furent peintes en façon de porcelaine et les bancs des jardins couverts d'ornements bleus sur fond blanc.

Fontaines et cascades étaient alimentées par l'eau de l'étang de Clagny, amenée à Trianon au moyen de quelques moulins à vent construits à cet effet.

Malgré son engouement pour ce château, Louis XIV n'y habita pas; Trianon était un but de promenade, un rendez-vous de récréation ou de repos. La reine n'y allait pas moins que le roi. Les chroniques de l'époque détaillent les fêtes qui y furent données, dont la dernière, en 1674, à l'occasion du retour victorieux de Louis XIV de la campagne de Franche-Comté et, peut-être, pour le triomphe de ses amours avec Mme de Montespan, dont la rivale, vaincue et pénitente, s'était retirée dans un couvent de Carmélites.

En 1687, le règne du Trianon de porcelaine était terminé.

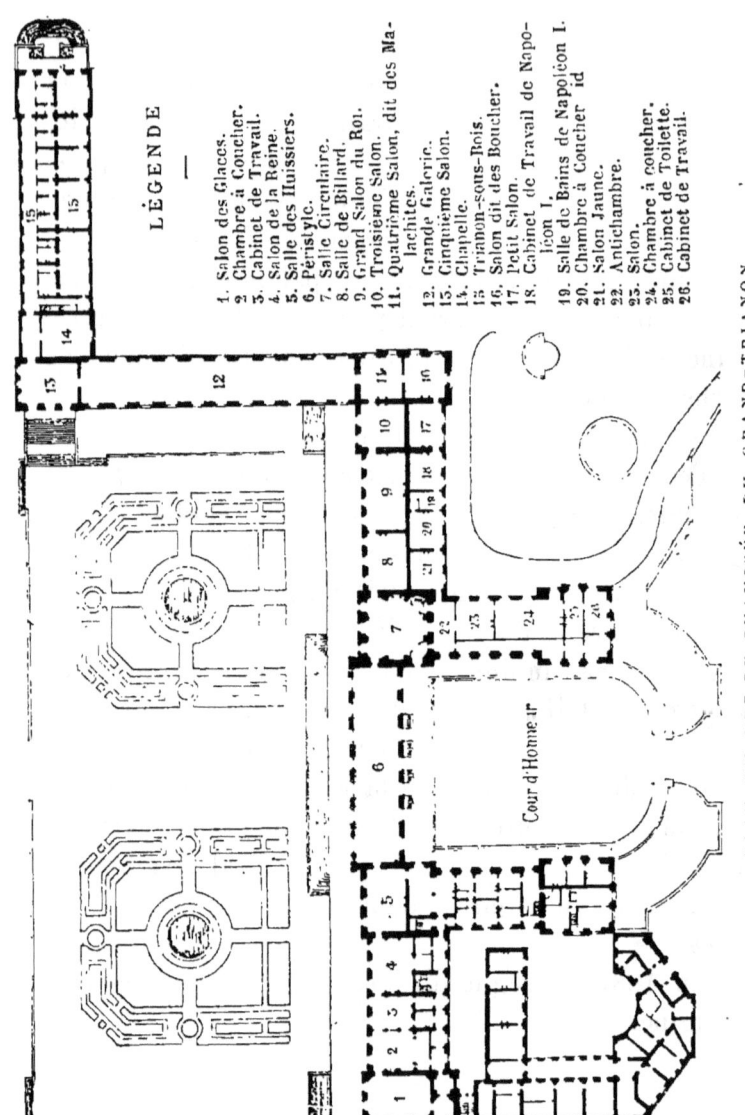

PLAN DU REZ-DE-CHAUSSÉE DU GRAND-TRIANON

LÉGENDE

1. Salon des Glaces.
2. Chambre à Coucher.
3. Cabinet de Travail.
4. Salon de la Reine.
5. Salle des Huissiers.
6. Péristyle.
7. Salle Circulaire.
8. Salle de Billard.
9. Grand Salon du Roi.
10. Troisième Salon.
11. Quatrième Salon, dit des Malachites.
12. Grande Galerie.
13. Cinquième Salon.
14. Chapelle.
15. Trianon-sous-Bois.
16. Salon dit des Boucher.
17. Petit Salon.
18. Cabinet de Travail de Napoléon I.
19. Salle de Bains de Napoléon I.
20. Chambre à Coucher id
21. Salon Jaune.
22. Antichambre.
23. Salon.
24. Chambre à coucher.
25. Cabinet de Toilette.
26. Cabinet de Travail.

LE
GRAND-TRIANON

NOTICE HISTORIQUE

Louis XIV voulut avoir, à la place de cette maison de plaisance, un véritable palais dont il demanda les plans à Mansart, son architecte. Le Trianon de porcelaine fut jeté à bas et le nouveau palais édifié sur son emplacement. Commencés en 1687, les travaux marchèrent rapidement, car le roi était pressé de voir ce palais achevé. Le marbre y fut prodigué; les nombreux sculpteurs employés au palais de Versailles, envoyés à Trianon, travaillèrent pendant deux ans à en décorer l'extérieur et l'intérieur.

Construit à l'italienne, Trianon n'a qu'un étage; il est tout entier couronné d'une balustrade qui était surmontée, dans tout son pourtour, de statues, de groupes d'enfants, de vases placés à l'aplomb des colonnes et des pieds-droits, ornementation qui a été détruite après la Révolution de 1789.

Le *Journal* de Dangeau rapporte qu'en août 1688 l'abbé de la Motte, chanoine et archidiacre de l'église Notre-Dame, par commission de l'archevêque de Paris, vint solennellement bénir la chapelle et y célébrer la messe.

Dès 1691 Trianon était achevé, complètement meublé et disposé pour y habiter de jour et de nuit; mais ce n'est qu'en 1694, le 28 avril, que Louis XIV vint y coucher pour la première fois. Son appartement était placé à l'aile gauche du palais, une salle de spectacle occupait l'aile droite en retour sur la cour; cet appartement servit ensuite à Louis XV qui le modifia en 1752. A partir de 1700, Louis XIV ne coucha plus à Trianon. Le czar Pierre le Grand y demeura du 3 au 6 juin 1717.

En 1744, Louis XV n'a habité qu'un moment Trianon, où il était venu pleurer dans la retraite la mort de la duchesse de Châteauroux; mais, dès l'année 1751, il s'y rendit plus fréquemment. D'après les conseils de Mme de Pompadour, logée au palais, il ordonna divers embellissements, comme la construction de serres hollandaises, l'établissement d'un jardin botanique devenu célèbre par les expériences qu'y tenta Bernard de Jussieu, une ménagerie, d'une utilité plus apparente que ne le comporte sa dénomination, dans laquelle étaient rassemblées, pour l'amusement du roi, quantité d'espèces de poules, de pigeons, etc.

Le roi Louis XVI n'habita pas le Grand-Trianon

Pendant la première Révolution, le palais n'a pas eu à subir de dégradations notables; en 1794, il dut être vendu comme propriété nationale, mais le jardinier Antoine Richard intervint en faisant valoir que les richesses végétales contenues dans les serres ne pouvaient être déplacées dans la saison d'hiver où l'on était et que les autres étaient trop anciennes pour être transplantées. Il fut alors sursis provisoirement à la vente de Trianon. En 1797, le représentant du peuple en mission, André Dumont, rendit un arrêté par lequel il défendait de donner aucune suite à tout arrêté tendant à la vente de Trianon, déclarant que les moyens d'existence des habitants de la commune de Versailles dépendaient de la conservation et de l'entretien des propriétés nationales que renfermait cette commune. En même temps, il complétait cet arrêté en décrétant l'établissement d'un poste d'invalides à l'effet de veiller à la conservation des bâtiments, jardins et bois[1].

Napoléon Ier, après son divorce avec l'impératrice Joséphine, se retira à Trianon; il y séjourna du 16 décembre 1809 au 26 du même mois. En 1810, il y revint avec l'archiduchesse Marie-Louise, qu'il venait d'épouser, il voulut habiter le palais et en faire un séjour impérial; l'empereur trouva bientôt que ce palais, malgré ses magnificences, convenait mal à ses besoins. Il ordonna quelques réparations; mais, vers le 15 août 1811, il ne voulut plus revenir dans cette demeure dont l'aspect l'avait d'abord séduit.

Les rois Louis XVIII et Charles X ne firent aucun séjour à Trianon.

Le roi Louis-Philippe, après avoir fait de grands changements dans la distribution générale des appartements et des accroissements dans les dépendances, s'installa, en 1836, à Trianon avec sa famille et sa cour. Entre autres travaux, il fit pratiquer, dans le sous-sol, des cuisines, des caves et un large corridor qui sert de communication depuis le pavillon de

---

1. Consulter aussi l'ouvrage de Dussieux, *Le Château de Versailles*, histoire et description. 2 vol. in-8. L. Bernard, éditeur, à Versailles.

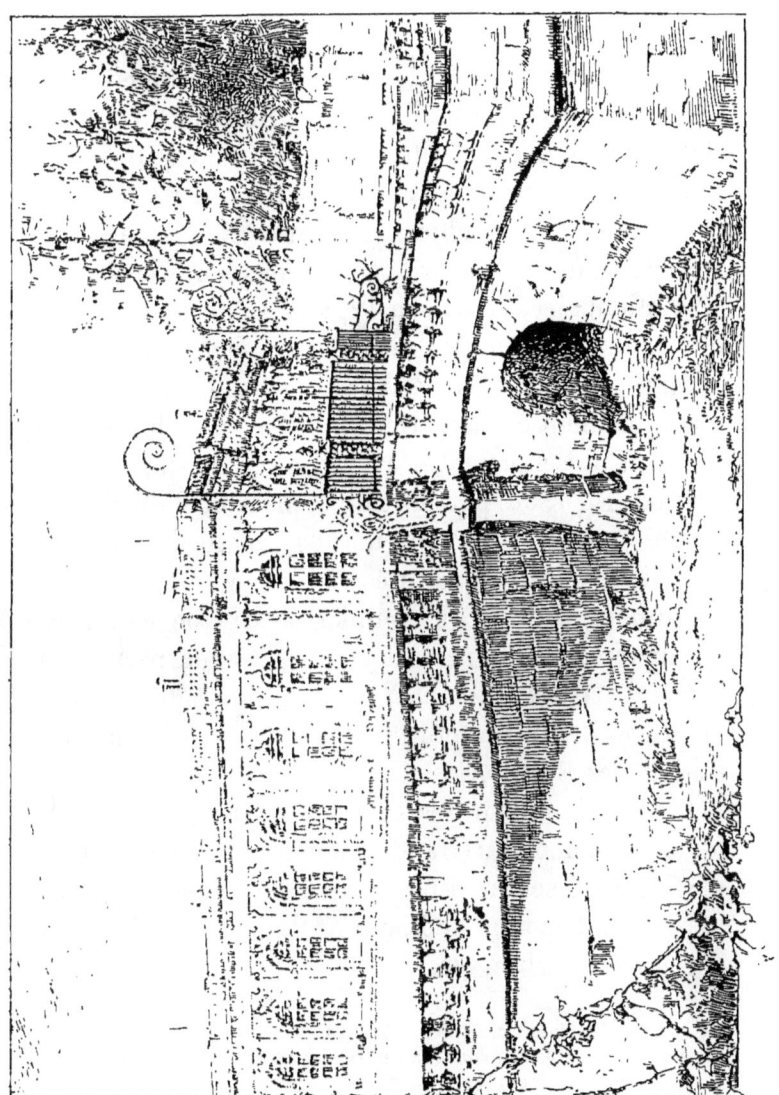

LE GRAND-TRIANON (Aile droite)

l'horloge jusqu'à l'extrémité de Trianon-sous-Bois

Après la Révolution de 1848, il fut question d'installer à Trianon l'Institut agronomique établi à Versailles ; il ne fut donné aucune suite à ce projet.

Les meubles et objets d'art qui garnissaient les appartements ayant été vendus pendant la période révolutionnaire, Napoléon Ier, après une visite rapide du palais qu'il fit en 1805, décida des mesures qui eurent pour effet la restauration de l'édifice et le remeublement des appartements. Les meubles qui s'y trouvent présentement proviennent en partie de cette époque. En 1850, par suite du déplacement du garde-meuble transféré à Paris, une collection de meubles historiques et d'objets précieux a été installée dans les appartements. Ces meubles, ainsi que les vases, les lustres, les bronzes et la plus grande partie des objets d'art, appartiennent au mobilier national. Les peintures et les sculptures ressortissent à l'administration des Beaux-Arts.

Indépendamment des souvenirs qui s'y rattachent, les appartements du Grand-Trianon sont remarquables par leurs boiseries, sculptées par les artistes les plus habiles de l'époque de Louis XIV, par de belles cheminées en marbre, etc.[1].

---

1. Une notice spéciale de ces peintures et sculptures, en vente à la porte d'entrée du palais, donne la description de ces œuvres qui ne sont que sommairement indiquées dans ce guide.

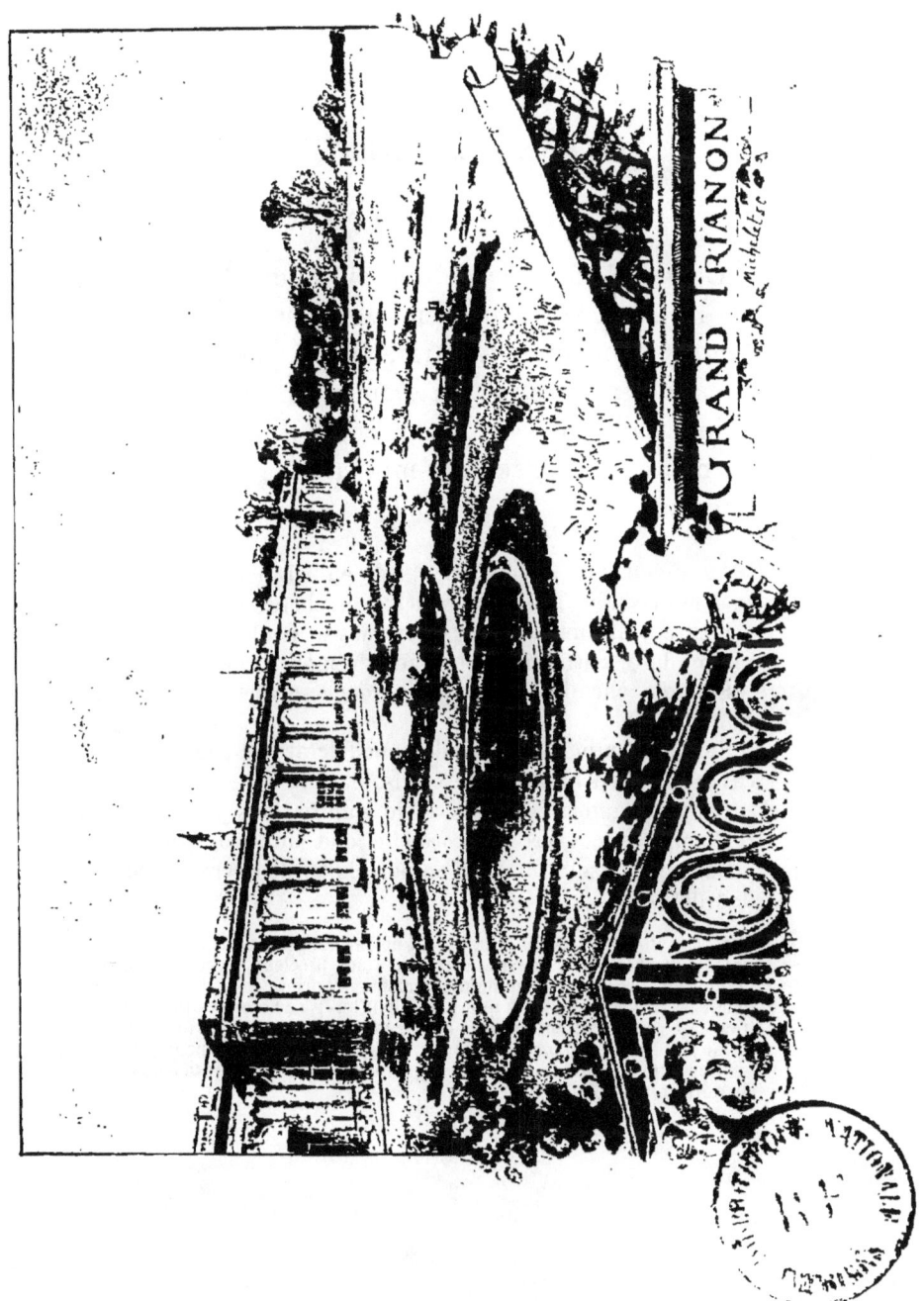

GRANDS APPARTEMENTS[1]

SALON DES GLACES (1)

Ce salon, pour la décoration duquel on dépensa, en 1680, 10 500 livres en achat de glaces façon de Venise, fabriquées à Paris, faisait partie d'un petit appartement destiné au Dauphin et qui a aussi été habité par Napoléon Ier et Louis-Philippe. Sous ce dernier roi, le conseil des ministres se réunissait dans ce salon.

Au milieu, une table ronde, pieds en bois d'orme, dessus d'un seul morceau de 2^m,76 de diamètre, en chêne du Malabar.
Lustre à 32 lumières sur deux rangs, monture en bronze ciselé et doré, garniture en cristaux du mont Cenis.
Superbe cheminée en marbre rouge rehaussé de bronze ciselé et doré.
Sur la cheminée, une pendule modèle arc de triomphe. Beaux candélabres en bronze doré et ciselé.
Canapé, fauteuil, chaises, style empire, bois peint en blanc, réchampi or, couvert en brocatelle fond jaune, dessin cramoisi.
Sur une console, un vase en porcelaine de Sèvres, fond blanc fleurdelisé.

---

1. Les limites imposés à ce travail ne permettant pas de donner l'énumération complète des œuvres d'art, meubles précieux, vases, etc., exposés dans les salles ouvertes au public, nous nous bornons à indiquer sommairement les principaux objets qui, par leur intérêt, se recommandent plus particulièrement à l'attention du visiteur et, à cet effet, ce *Guide* a été établi selon l'ordre suivi dans lequel on fait traverser les appartements au public.
— Les numéros qui suivent la désignation des pièces correspondent à ceux de notre plan (voir page 10).

SALON DES GLACES

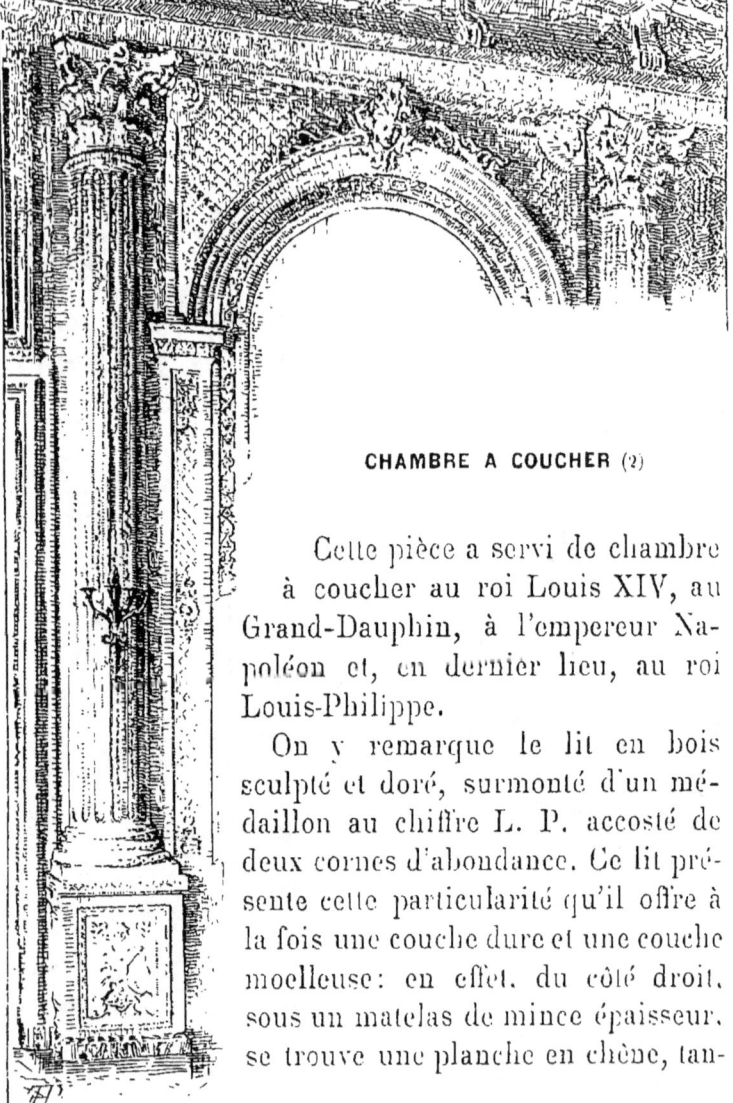

CHAMBRE A COUCHER (2)

Cette pièce a servi de chambre à coucher au roi Louis XIV, au Grand-Dauphin, à l'empereur Napoléon et, en dernier lieu, au roi Louis-Philippe.

On y remarque le lit en bois sculpté et doré, surmonté d'un médaillon au chiffre L. P. accosté de deux cornes d'abondance. Ce lit présente cette particularité qu'il offre à la fois une couche dure et une couche moelleuse: en effet, du côté droit, sous un matelas de mince épaisseur, se trouve une planche en chêne, tandis que le côté gauche est pourvu d'un sommier et de matelas moelleux.

La tenture d'alcôve, drapée à l'antique, est en satin cramoisi

doublé en taffetas blanc. — A droite et à gauche du lit, deux corbeilles à gorge couvertes en satin cramoisi; sur le devant, le chiffre M A brodé en soie blanche. Un prie-dieu, une commode.

Une balustrade en bois doré réchampi en blanc, avec porte au milieu, sépare l'alcôve de la pièce.

Commode, console, psyché, toilette de dame et table de famille en frêne avec ornements en bronze ciselé et doré.

Méridienne, fauteuils, chaises en bois peint en blanc, réchampi or, garnis en satin cramoisi broché à rosaces en velours.

Sur la cheminée : pendule en porcelaine de Sèvres avec sujet allégorique : *Le Point du jour;* deux vases forme étrusque : *Flore et Cérès;* deux candélabres à 6 lumières en bronze ciselé et doré et au vert antique, sujet : char traîné par des chevaux; sur le piédestal un guerrier tirant de l'arc.

Quatre tableaux de Monnoyer : vases, fleurs et fruits.

Marie-Thérèse, impératrice d'Allemagne. Portrait en buste, par Cozette fils, forme ovale.

CABINET DE TRAVAIL (3)

Cette pièce servait de cabinet de travail au roi Louis-Philippe; antérieurement, elle n'en formait qu'une avec la précédente.

On y remarque : une commode et un bureau en acajou avec ornements en bronze richement ciselés et dorés, se composant des têtes d'Apollon, de Bacchus et de Bacchantes couronnées de fleurs, de pampres; de trophées sur les portes composés des attributs de la musique. — Au milieu de la pièce, un guéridon en acajou, forme octogone, dessus en marbre vert soutenu par huit colonnettes en bronze doré, avec un vase en bronze doré au centre.

Canapé, fauteuils, chaises en bois peint en blanc, réchampi or, couvert en damas de soie cramoisi.

Quatre tableaux de Houasse : *Minerve et Persée, Minerve et Tirésias, Minerve abreuvant ses chevaux dans l'Océan* et *Minerve et Arachné.*

Deux tableaux de Blain de Fontenay : *Aiguières d'or; Fleurs et fruits.*

Un tableau de Natoire : *Allégorie à la naissance d'une princesse.*

Entre les deux croisées : *Joseph II, empereur d'Allemagne,* portrait en buste, par Cozette fils, forme ovale.

SALON DE LA REINE (1)

Autrefois dénommé salon de la Chapelle. Sous le règne de Louis-Philippe, la chapelle ayant été transférée à Trianon-sous-Bois, cette pièce prit le nom de salon de la reine.

Dans ce salon, sur une table, sont exposées 31 pièces en pierre dure de diverses couleurs : marbre, agate, porphyre, albâtre, camées, montées en bronze doré et ciselé, ornées de statuettes, bas-reliefs, etc., provenant d'un surtout de table donné par le roi d'Espagne Charles IV à l'empereur Napoléon Ier.

Sur une console : un vase en porcelaine de Sèvres dont le sujet est Henri IV revenant de la guerre; deux statuettes en bronze au vert antique : Jeune homme lançant un javelot, et la Fortune, montée sur un fût de colonne en marbre rouge.

Corbeilles de fleurs, vases et fleurs, par Monnoyer.

Louis XV, roi de France, représenté à l'âge de seize ans.

Marie Leczinska, reine de France, représentée à l'âge de vingt-deux ans.

Ces deux portraits sont de J.-B. Vanloo.

SALLE DES HUISSIERS (5)

Vestibule des appartements de l'aile gauche. Cette pièce, sous Louis XIV, était dénommée salle des princes et des seigneurs ; elle donnait accès à l'appartement occupé par le roi.

Au milieu de la pièce : une console, montants à pilastres gothiques, galerie à colonnes découpées à jour sur les bouts, dessus composé d'échantillons de marbres divers.
Sur les consoles : un vase en marbre noir veiné, forme urne ; un vase en porphyre, forme urne, anses à têtes de lion, anneaux en bronze doré et ciselé.
Au-dessus de la cheminée, un tableau, de l'école de Mignard, représentant un trophée aux armes de Louis XIV, globe fleurdelisé surmonté d'un soleil avec la devise *Nec pluribus impar*.

PÉRISTYLE (6)

Le péristyle, décoré de colonnes et de pilastres de marbre, servait sous Louis XIV de salle à manger d'été. Napoléon Ier l'a fait clore par des vitrages. C'est dans cette pièce qu'a siégé le conseil de guerre chargé de juger le maréchal Bazaine.

Le Tireur d'épine, statue en marbre d'après l'antique.
La Joueuse d'osselets, statue en marbre d'après l'antique.
Jeune pâtre romain, statue en marbre, par Brun.
L'Amour endormi, statue en marbre, par Horta.

La France et l'Italie, groupe en marbre par V. Véla, offert à l'impératrice Eugénie par les dames de Milan après la guerre de 1859.

Statue équestre de Louis XIV, en bronze florentin.

Enfant jouant avec une rose et un papillon, statue en bronze florentin.

Deux vases en terre de Sarreguemines, décorés de palmettes en bronze doré et ciselé.

SALLE CIRCULAIRE (7)

Cette pièce, remarquable par son ordonnancement et ses boiseries sculptées, était dénommée salon des colonnes; elle a servi de chapelle sous Louis XVI. Sous le règne de Louis-Philippe, elle formait l'antichambre des appartements de l'aile droite.

Olympia, abandonnée par Birène dans l'île d'Ébude, enchaînée sur un rocher (Arioste), statue en marbre, par Étex.

Deux vases d'albâtre sur des fûts de colonnes en albâtre avec sujets en relief; l'un : le *Sacrifice d'Iphigénie*, l'autre, une *Offrande à Diane*.

Grand vase en porcelaine de Sèvres, fond vert olive, sujet allégorique en grisaille : *La France remet entre les mains du roi d'Espagne, Ferdinand VII, les rênes du gouvernement de ce pays*.

Le Faune au chevreuil, statue en bronze, d'après l'antique.

Jupiter chez les Corybantes, tableau par Coypel.

Quatre tableaux par Monnoyer, Desportes et Blain de Fontenay, sujets : vases de fleurs et fruits d'Amérique.

Meuble bois peint en gris, recouvert en tapisserie de Beauvais.

SALLE CIRCULAIRE

SALLE DE BILLARD (8)

Cette pièce portait, sous Louis XIV, le nom de salon de la musique. Napoléon Ier l'a fait aménager en salle de billard.

Louis XV, portrait en buste par Vanloo.
Marie Leczinska, portrait en buste, par Nattier.
Groupes en terre cuite, par Pinelli, représentant : la *Danse de saltarello*, le *Jeu de la morra*, le *Jeu de boules*, le *Jeu de cartes*.
Billard en acajou, moulures et filets en citronnier et palissandre.
Meuble en acajou recouvert en lampas vert.

GRAND SALON DU ROI (9)

Ce salon était autrefois séparé en deux pièces dénommées sous Louis XIV antichambre des jeux et cabinet du sommeil. Le roi Louis-Philippe a réuni ces deux pièces en une seule qui a pris le nom de grand salon du roi.

Il est orné de tableaux mythologiques :

Déification d'Enée, P. Leclerc.
Persée et Méduse, Christophe.
Vénus et Adonis, Bon Boullongne.
Naissance d'Adonis, Verdier.
Hercule faisant un sacrifice à Jupiter, Coypel.

Mercure et Argus, Coypel.
Vénus et Mercure, Bon Boullongne.
Junon apparaît à Hercule, Coypel.
La nymphe Io changée en vache, Verdier.
La Nature et les Éléments, Bon Boullongne.
Vénus et Adonis, Verdier.
Clytie changée en tournesol, Lafosse.
Vénus implorée par Psyché, Bounieu.

On y remarque aussi, sur la cheminée, un bas-relief, camée antique en albâtre oriental, dont le sujet est un sacrifice au dieu Pan. Il est entouré d'un cadre ciselé et doré surmonté d'une tête de Méduse.

Sur les guéridons : un vase en porcelaine, fontaine à thé forme corbeille; une pendule en porcelaine de Sèvres, forme candélabre, portant sur le fût les 12 signes du Zodiaque. Beaux vases en porcelaine du Japon.

Lustre en bronze ciselé et doré à 36 lumières.

Cinq consoles genre Boulle, en bois noirci avec incrustations en cuivre, écaille et étain.

Le meuble est en bois noirci et or, couvert en cannetillé de soie jaune.

TROISIÈME SALON (10)

Cette pièce portait, sous Louis XIV, le nom de chambre du couchant.

Quatre tableaux de Monnoyer, Vases de fleurs. *Apollon et Thétis*, par Lafosse.

Deux consoles en bois sculpté et doré, dessus en marbre sérancolin.

Deux obélisques, l'un en granit gris chenillé, l'autre en granit vert chenillé, reposant sur quatre tortues en bronze doré.

Une table en bois d'orme, montants à cariatides, femmes drapées, en bronze doré, milieu à vase et deux griffons ailés.

Une armoire, bois sculpté et doré, réchampi en blanc, style Louis XIV.

Une coupe en palladium avec bordure en vermeil.

Meuble en bois sculpté et doré, couvert en damas de soie cramoisi et or fin.

QUATRIÈME SALON DIT DES MALACHITES (11)

Cette pièce portait, sous Louis XIV, le nom de salon frais et servait de chambre à coucher à la duchesse de Bourgogne.

Henri IV, portrait en pied par Hersent.
Louis XIV, portrait en pied, école de Rigaud.
Louis de France, grand Dauphin, portrait en buste d'après Rigaud.
Louis de France, duc de Bourgogne, portrait en buste d'après Rigaud.
Philippe de France, duc d'Anjou, portrait en buste d'après Rigaud.
Louis XV, portrait en pied par Vanloo.
Louis de France, Dauphin, portrait en pied par Natoire.
Louis XVI, portrait en pied par Callet.

La coupe placée au milieu du salon, les deux candélabres, les deux armoires et la console, en malachite, sont un présent offert par l'empereur de Russie, Alexandre Ier, à l'empereur Napoléon Ier après le traité de Tilsitt.

Deux autres vases et une coupe en malachite exposés dans cette salle ont été acquis par le roi Charles X.

Sur une console, un vase bronze vert antique, forme Médicis, sujet en relief : Apollon et les neuf Muses.

Fauteuils et siéges en tapisserie de Beauvais.

GRANDE GALERIE (12)

Cette galerie forme un angle droit avec la façade du palais sur le parterre, elle sert de communication entre la partie centrale du palais et l'aile dite Trianon-sous-Bois. Sous le roi Louis-Philippe, de simple corridor de passage, elle est devenue une salle à manger dont le service était fait de la manière la plus inaperçue au moyen des nouvelles communications souterraines pratiquées dans toute l'étendue des appartements, depuis les cuisines jusqu'à l'extrémité de l'aile de Trianon-sous-bois. On y remarque des bassins en marbre rose dans lesquels on mettait les vins à rafraîchir dans de l'eau glacée. Cette galerie est garnie de tableaux de maîtres et de genres divers : sainteté, histoire, genre, paysage, fleurs, etc. Son milieu est orné de tables de mosaïque et de marbre sur lesquelles sont posées des statues de bronze de petite proportion et des vases de porcelaine de Sèvres ; d'autres petites figures de marbre, de porcelaine, de bronze, etc., sont placées sur des consoles entre les fenêtres.

Deux grands vases en porcelaine de Sèvres, forme étrusque, fond gros bleu, anses, socle, cercle, rebords en bronze richement ciselé et doré; dans la gorge, des médaillons peints en camée représentent les hommes célèbres du siècle de Louis XIV. Sujets : *Louis XIV protége les lettres et les arts, Louis XIV règne par lui-même.*

Deux vases porcelaine de Sèvres, dits Achille, fond bleu : fleurs caractéristiques des quatre parties du monde.

Plusieurs autres vases en porcelaine de Sèvres, de Saxe, de Chine, en granit, marbre, etc.

Un modèle réduit de la colonne Trajane, en marbre rouge antique.

Un modèle réduit du temple de Pœstum, en marbre rouge antique.

Une statue en bronze vert antique, représentant *Milon de Crotone*, d'après Puget.

Une statue en bronze vert antique, représentant *Moïse assis, tenant sous son bras les Tables de la Loi*, d'après Michel-Ange.

Un groupe en bronze vert antique, représentant *Hercule et la Biche aux cornes d'or.*

Et diverses autres statuettes et groupes.

CINQUIÈME SALON (13)

Cette pièce portait, sous Louis XIV, le nom de salon des jardins, ayant vue à la fois sur les parterres et le parc.

Elle est décorée de trois tableaux peints par Crépin : *le Torrent, la Pêche, la Chasse au vol*, et des bustes en marbre de :
Louis XVI, par M. Therasse.
Napoléon Ier, par Calla.

Louis XVIII, artiste anonyme.
Charles X, par Bosio.
Meuble style Empire, en bois sculpté, peint en blanc, réchampi or, couvert en damas de Lyon jaune.

CHAPELLE (14)

Autrefois, sous Louis XIV, salle de billard ; cette chapelle a été construite sous le règne de Louis-Philippe. Le mariage du duc Alexandre de Wurtemberg avec la princesse Marie d'Orléans y a été célébré le 17 octobre 1837.

La croisée est formée d'un vitrail exécuté à la manufacture de Sèvres, par A. Béranger, d'après l'*Assomption de la Vierge*, de Prud'hon.
Sur les côtés, huit tableaux :
La Vierge aux rochers, par Michelin, d'après Léonard de Vinci.
Saint Claude ressuscitant un enfant, par Dulin.
La Présentation au Temple, par Lagrenée jeune.
Saint Louis en prière, par C. Thévenin.
Sainte Marguerite, par Voltigeant, d'après Raphaël.
La mort de la Vierge, par Perrin.
Apothéose de Saint Germain, par Gros,
Saint Louis recevant le viatique, par Meynier.
On remarque dans cette chapelle un curieux confessionnal qui se développe et se replie dans une armoire.

SALLE DE LA BIBLIOTHÈQUE (16)

Présentement appelée Salon des Boucher.

A l'origine, cette pièce portait le nom de *Salon des Sources*, parce qu'elle donnait sur un petit bois sillonné par des rigoles, que l'on nommait le Jardin des Sources. Napoléon Ier avait installé sa bibliothèque particulière dans cette salle.

Quatre tableaux de Boucher, représentant : *Neptune et Amynome, Vénus et Vulcain, la Diseuse de bonne aventure* et *la Pêche*.
Iris et Jupiter, par M. Corneille.
Narcisse, par A. Houasse.
L'Hiver, par Coypel.
Vue des anciens aqueducs du palais de Néron, par H. Robert.
David apprenant la mort de Saül, par Saint-Ours.
On remarque dans cette salle :
Sur la cheminée : une pendule, forme corbeille de fleurs, supportée par quatre cariatides, mouvement de Lépine et Neveu ; cadran circulaire émaillé, dont les heures apparaissent successivement au centre de la corolle d'une fleur. Les fleurs de la corbeille sont en bronze doré richement ciselé.
Au milieu de la pièce, une table en marqueterie, dont le dessin représente des foudres ailées et les signes du Zodiaque, table faite par les élèves de l'École des sourds-muets de Paris, offerte en 1806 à l'impératrice Joséphine.
Meuble en bois doré couvert en tapisserie de Beauvais.

TRIANON-SOUS-BOIS (15)

C'est en 1705 que cette partie du château fut bâtie, lorsqu'on s'aperçut de l'insuffisance des logements. Par suite de manque de dégagements et de communications faciles, on n'y avait accès que par la galerie qui n'était qu'un long corridor isolé sur deux faces. Sous le roi Louis-Philippe on y a établi, ainsi que dans les autres appartements, de petites pièces de service dont aujourd'hui on ne peut se passer et qui, négligées au temps de Louis XIV, semblaient être un besoin presque inconnu. Ces travaux d'utilité, qui n'apparaissent pas au dehors, ont été si bien appropriés, que le tout semble avoir été fait en même temps et par la volonté de Louis XIV.

Les appartements de cette aile du palais ont été habités par le grand Dauphin, le duc et la duchesse de Bourgogne, la princesse Palatine. Sous Louis XV on en fit six appartements attribués à Mme Adélaïde, la Reine, la duchesse de Luynes, le Dauphin, la Dauphine et Mme de Brancas. Les fils du roi Louis-Philippe y étaient logés quand le roi habitait le palais.

Ces appartements ont été démeublés, ils ne sont pas ouverts au public.

PETITS APPARTEMENTS

Les pièces dont le détail suit composaient les petits appartements; elles sont adossées à la salle de billard, au grand salon du roi et au deuxième salon. Ils ont été habités par Mme de Maintenon, par Louis XV, par le roi de Pologne, Stanislas Leczinsky, par Mme de Pompadour. Napoléon Ier en avait fait ses cabinets de travail et de conseil.

PETIT SALON (17)

Meuble en bois sculpté et peint, couvert en damas de soie jaune à rosaces.
Tenture et rideaux de même étoffe. Vase en porcelaine de Sèvres, forme étrusque, sujet : Portrait de Mignard.

CABINET DE TRAVAIL DE NAPOLÉON Ier (18)

Une commode et deux secrétaires en bois d'acajou et d'if, ornés d'aigles, victoires, lauriers, etc., en bronze doré et ciselé; à l'intérieur, tiroirs et compartiments à secrets.
Un guéridon, monture en bronze doré et vert antique, dessus

en marbre blanc avec incrustations et sujets rappelant l'expédition d'Égypte.

Une statue bronze vert antique : Gladiateur combattant.

Meuble style Empire en bois sculpté et doré, couvert en satin broché fond bleu.

Tenture et rideaux en damas de soie fond bleu, rosaces et couronnes jaune d'or.

SALLE DE BAINS (19)

Tenture et rideaux en toile de perse, fond blanc à raies bleues; dessin : bouquets de roses et de pensées.

Un divan formant dessus de baignoire, couvert en même étoffe que les rideaux.

CHAMBRE A COUCHER DE NAPOLÉON Ier (20)

Pendant quelque temps, cette pièce a servi de chambre à coucher à Napoléon Ier.

Deux tableaux : le *Printemps*, l'*Hiver*, par Jouvenet.
Sur une console, le buste en marbre de l'impératrice Marie-Louise, par Paolo Triscornia.
Un guéridon en orme, dessus en marbre mosaïque.
Une statuette en bronze : Enlèvement de Déjanire.
Deux vases en porcelaine de Sèvres, sujets : le *Départ* et le *Retour du conscrit*, par Demarne.
Deux bas d'armoire en orme avec ornements en bronze ciselé et doré.
Couchette en orme, ornée d'arabesques et palmettes en bronze richement ciselé et doré.

Fauteuils et chaises style empire, bois sculpté et doré, couverts en satin fond jaune, à médaillons de fleurs sur fond violet.

Tenture en damas de soie fond bleu, à rosaces et couronnes jaune d'or.

SALON JAUNE (21)

Quatre tableaux de J. B. Restout : le *Printemps*, l'*Été*, l'*Automne* et l'*Hiver*.

Deux tableaux de J.-B. Oudry : la *Moisson*, la *Vendange*.

Au milieu de la pièce, un guéridon en bronze doré, dessus en mosaïque de Florence, sujet : *Le Bouclier d'Achille*.

Un bureau acajou, montants à figures de femmes ailées, ornements en bronze doré et ciselé, dessus en granit vert.

Coupe en albâtre oriental supportée par *le Temps* accroupi; plus bas quatre femmes se tenant par la main, en bronze vert antique; contre le socle, quatre Chimères ailées, en queue de poisson.

Meuble en bois peint sculpté, style empire, couvert en damas de soie jaune, ton sur ton, à rosaces et branches de feuilles.

Tenture et rideaux en même étoffe.

Sur la cheminée, une pendule forme monument d'ordre dorique, en jaspe, lapis et pierre des Amazones.

APPARTEMENT NEUF

L'aile droite du palais renferma d'abord la salle de comédie, détruite vers 1704, puis l'appartement de Louis XIV qu'on établit sur l'emplacement de cette salle et qui se composait d'une antichambre, d'une chambre à coucher, de trois cabinets pour le service du roi et du cabinet du Conseil. L'appartement de Louis XIV servit à Louis XV, qui le modifia en 1732.

Louis-Philippe changea encore une fois, en 1836, la disposition intérieure de cet appartement composé aujourd'hui d'une petite galerie et de trois pièces; le roi, en 1846, l'avait fait disposer et meubler pour y recevoir la reine d'Angleterre, qui déclina l'invitation que lui avait adressée le roi des Français.

ANTICHAMBRE (22)

Une coupe en porcelaine de Sèvres fond brun rouge. Sujet : *Charles X à son retour de Notre-Dame*, le 27 septembre 1824.
Une table à thé acajou, dessus en marbre orbiculaire de Corse.
Apollon du Belvédère, buste en marbre d'après l'antique.

SALON (23)

L'Abondance, tableau peint par Oudry.
Quatre tableaux, vases et corbeilles de fleurs, par B. de Fontenay et J.-B. Monnoyer.
Un vase porcelaine du Japon, dite céladon, fond vert pâle.
Deux vases porcelaine de Sèvres, dite craquelée, socles en bronze ciselé et doré, genre rocaille.
Une pendule modèle arc de triomphe, en marbre, jaspe, albâtre et bronze doré.
Un guéridon, dessus en mosaïque moderne représentant le château d'Hartwell.
Lustre en bronze doré à 30 lumières.
Meuble, bois peint en gris, couvert en tapisserie de Beauvais.

CHAMBRE A COUCHER (24)

Cette pièce, construite sur l'emplacement de la scène de la salle de comédie, servit de seconde chambre à coucher à Louis XIV ; elle a été convertie en salle à manger dans les premières années du règne de Louis-Philippe, et elle fut ensuite destinée à servir de chambre à coucher à la reine d'Angleterre.

Elle est ornée de 16 tableaux, représentant des fleurs, des fruits, Cérès, Thétis, Bacchus, le Temps, des Amours et figures allégoriques par Monnoyer, Fontenay, Verdier, Coypel.
Grande couchette en bois sculpté et doré. La housse de lit, la tenture, les rideaux de lit et les rideaux de croisée sont en lampas cramoisi, jaune et bois, doublés de soie blanche.
Deux lustres, bronze doré, à 36 lumières.
Deux commodes et une console forme Régence, en marqueterie ébène et cuivre.
Deux guéridons en ébène ornés de bronze, dessus incrusté en cuivre et étain gravé.
Belle pendule en bronze doré. Sujet : Uranie, globe céleste et les douze signes du Zodiaque.
Meuble en bois sculpté et doré, couvert en lampas.

CABINET DE TOILETTE (25)

Une table à thé en acajou, dessus en marbre blanc veiné ; dans la ceinture guirlandes de branches de laurier et groupes de jeunes filles en bronze doré et ciselé.
Meuble bois peint en gris, couvert en tapisserie de Beauvais.

CABINET DE TRAVAIL (26)

Un bonheur du jour, en acajou, formant bureau, ornements en bronze doré représentant le char d'Apollon.
Une pendule porcelaine de Sèvres, sujet : l'*Oisiveté à moitié endormie, voit les heures entraînées par le Temps.*
Buste en bronze au vert antique : Louis XVIII.

MUSÉE DES VOITURES

Ce musée est situé à l'entrée de l'allée qui sépare le Grand du Petit-Trianon. Il a été construit en 1851 sur les plans de l'architecte Questel; il contient des voitures qui datent, en partie, du premier empire, des chaises à porteurs et des traîneaux du temps de Louis XIV, Louis XV, Louis XVI et du roi Louis-Philippe.

La sellerie et le harnachement des chevaux sont renfermés dans des armoires vitrées. L'ensemble des harnais est en maroquin rouge, piqué en fil blanc; les ornements et la bouclerie sont en cuivre ciselé et doré.

Les voitures exposées dans le musée, toutes de la forme dite berline, sont :

La *voiture du sacre*. Elle a été faite en 1825, pour la cérémonie du sacre de Charles X; restaurée en 1854, elle servit pour le baptême du fils de Napoléon III. Les bronzes et les peintures de cette voiture sont remarquables. L'intérieur est garni en velours cramoisi brodé d'or. Le poids de la voiture est de 7000 kilogrammes.

La *voiture du baptême* date de 1821, elle a servi

au baptême du duc de Bordeaux, au mariage de Napoléon III et au baptême de son fils. La garniture d'intérieur est en velours blanc.

La *Topaze* remonte au premier empire ; elle a figuré dans le cortège du sacre de Napoléon Ier. La garniture d'intérieur est en velours blanc avec galon vert et or.

La *Victoire*, la *Turquoise*, la *Brillante*, datent du Ier empire, elles ont été restaurées en 1855.

L'*Opale* date du Consulat ; c'est dans cette voiture que l'impératrice Joséphine a été conduite au château de la Malmaison après son divorce.

L'*Améthyste* et la *Cornaline* sont placées dans une remise spéciale, à défaut de place suffisante.

Chaise à porteurs de l'époque de Louis XV, bois sculpté et doré, dessus en cuir, entablement à corniche ; intérieur garni en velours cramoisi ; sur les quatre faces, marines de Joseph Vernet.

Chaise à porteurs de l'époque de Louis XV, bois doré, entablement surmonté d'une galerie en bronze doré, intérieur en velours de soie cramoisi ; sur la porte, les armes de Pologne.

Chaise à porteurs de l'époque de Louis XV, bois doré, moulures sculptées. Intérieur garni en velours de soie cramoisi ; sur le panneau de la porte, écusson aux armes de France.

Deux chaises à porteurs de l'époque de Louis XVI, peintes en bleu ; sculptures, moulures et ornements

LA VOITURE DU SACRE

dorés. Intérieur en velours de soie cramoisi ; armes de France sur les quatre faces.

Chaise à porteurs, bois peint en vert, moulures dorées. Intérieur garni en cannetillé vert. Chiffre L P surmonté d'une couronne royale sur les panneaux.

Traîneau forme coquille, recouvert en velours de soie bleu et blanc. Traîneau représentant une tortue surmontée d'un siège en bois doré, fond blanc. Traîneau représentant un tigre. Traîneau forme conque marine, peintures de Watteau, garni intérieurement de velours bleu de ciel. Traîneau en bois doré et sculpté; sur les côtés, peintures représentant des patineurs, intérieur garni en velours broché vert et jaune.

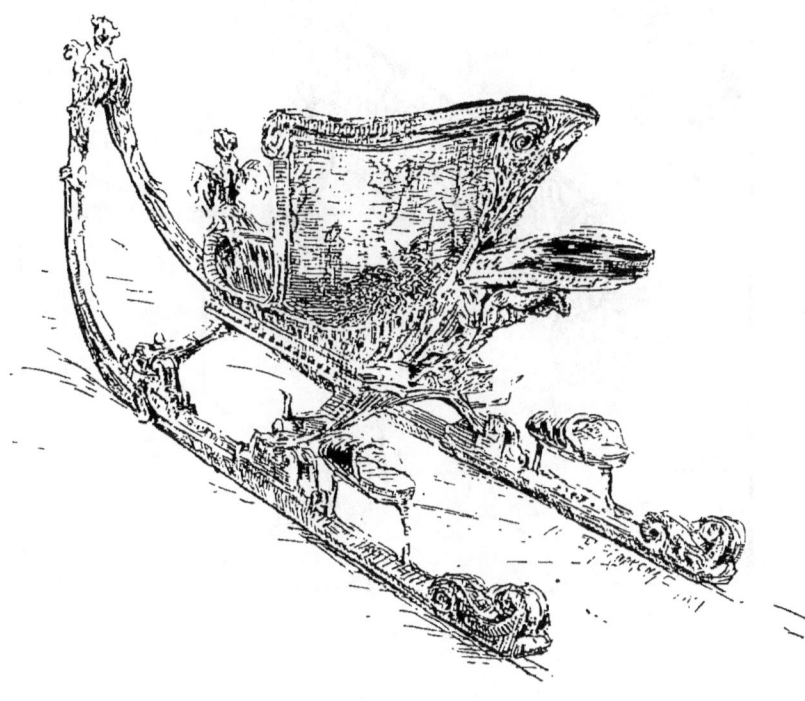

L'ESCALIER

LE PETIT-TRIANON

NOTICE HISTORIQUE

Louis XV, désireux de se soustraire aux intolérables ennuis qui résultent forcément de la réunion d'un grand nombre de personnes dans le même bâtiment, et de s'affranchir de la gêne continuelle imposée par l'étiquette qui le fatiguait, chargea Gabriel, son architecte, de lui bâtir un petit château, commode, élégant et agréable à habiter. Ce nouveau bâtiment, construit au bout du jardin du Pavillon français, s'appela le château du Petit-Trianon. Commencée en 1762, terminée en 1768, cette habitation occupe un carré d'à peine vingt mètres de côté.

Le Petit-Trianon est composé d'un rez-de-chaussée et de deux étages, lesquels sont compris dans un ordre corinthien surmonté d'une balustrade. Chaque face a cinq croisées. La face du jardin français est ornée d'un avant-corps formé de quatre colonnes isolées. Les deux côtés sur le jardin fleuriste et l'avant-cour sont décorés de pilastres. La cour décrit un carré long dont les angles sont arrondis, une charmille en tapisse les murs; à l'entrée, deux guérites en pierre accompagnent la grille.

Un escalier en pierre conduit au 1er étage; la rampe de l'escalier est en fer ouvragé. Les murs de cet escalier n'ont d'autre ornement que de grosses guirlandes de chêne sur les côtés; entre les deux fenêtres, en face des marches, une tête de Méduse. Le château ayant été construit au milieu d'un jardin de fleurs et de fruits, c'est sur eux que l'architecte a emprunté les motifs de la décoration des appartements.

Louis XV inaugura, avec Mme Du Barry, le palais dont il avait élaboré le projet avec Mme de Pompadour. Les mémoires du xviiie siècle ne contiennent aucun détail sur les séjours du roi au Petit-Trianon pendant les dernières années de sa vie ; c'est dans ce château que, le 27 avril 1774, Louis XV ressentit les premiers symptômes de la maladie dont il devait mourir si subitement. Transporté, le lendemain, au palais de Versailles, il succombait le 10 mai suivant.

Après la mort de Louis XV, le nouveau roi Louis XVI fit cadeau du Petit-Trianon à la reine Marie-Antoinette qui prit tout de suite possession de son château et y pendit la crémaillère le 6 juin 1774. Le Petit-Trianon de Louis XV fut un peu modifié par Louis XVI qui changea la décoration de la salle à manger, du petit salon, du grand salon et du petit cabinet qui vient après. Ces quatre pièces sont en style Louis XVI fort élégant ; tout le reste du château est en style Louis XV ; lambris sculptés, cuivres ciselés, cheminées, partout le goût le plus parfait a dirigé cette charmante ornementation. Les sculptures des lambris étaient peintes en vert clair sur fond blanc ; elles sont aujourd'hui badigeonnées à la colle grise, selon le système adopté sous l'empire et sous Louis-Philippe par les architectes dits classiques.

Le 5 octobre 1789, Marie-Antoinette était à Trianon quand la nouvelle de l'arrivée des foules parisiennes lui fit quitter, pour aller à Versailles, son cher petit palais qu'elle ne devait plus revoir.

Pendant le premier empire, la sœur préférée de

Napoléon, Pauline Borghèse, habita ce palais pendant quelque temps. L'empereur, le 25 août 1811, y donna une fête splendide avec illuminations dans les jardins et représentation de scènes champêtres au hameau.

Sous le règne de Louis-Philippe, le Petit-Trianon servit de résidence particulière au duc et à la duchesse d'Orléans.

Sous le 2ᵉ empire, l'impératrice Eugénie, qui avait un culte tout particulier pour la mémoire de Marie-Antoinette, fit au Petit-Trianon, pendant l'Expoition universelle de 1867, une exposition d'objets, meubles, portraits, bustes etc., ayant appartenu à la reine, provenant du musée des souverains et de collections particulières.

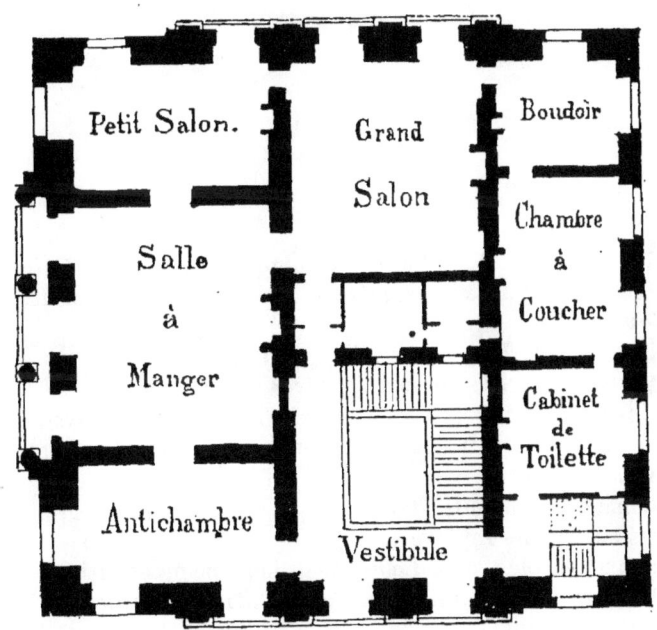

LES APPARTEMENTS

VESTIBULE

Rez-de-chaussée. — Vase en porcelaine de Sèvres, pâte tendre, à couvercle, fond bleu, décor or. Médaillon : *Marie-Antoinette*.

Buste en marbre : une dame romaine.

Rampe d'escalier en fer forgé et doré avec cartouches à tête de coq, où s'enlacent les initiales M. A. des lyres, des caducées.

1er étage. Lanterne forme ronde, de l'époque de Louis XVI, en bronze ciselé et doré sur fond bleu, montants à faisceaux de flèches et attributs champêtres; à l'intérieur un bouquet de douze lumières supporté par de petits satyres assis.

Un brûle-parfums en stuc, provenant de la salle de bains de Marie-Antoinette au Palais de Versailles.

Deux statuettes en terre cuite.

Quatre banquettes, style Louis XV, couvertes en savonnerie.

ANTICHAMBRE

Trois tableaux de Natoire : *Télémaque dans l'île de Calypso;* la *Beauté rallume le flambeau de l'Amour*; le *Sommeil de Diane*.

Buste en marbre, *Louis XVI*, par Pajou.

Buste en marbre, *Joseph II*, par Boizot.

Une pendule régulatrice, dans une boîte en acajou avec encadrement en bronze ciselé et doré, surmontée d'un vase en marbre.

Canapé et fauteuils style Louis XVI, bois peint en gris, couverts en velours rayé vert.

Deux consoles style Louis XVI, bois peint en gris, pieds à volutes et feuilles, milieu à vase et bouquets de fleurs, dessus en marbre blanc.

Lustre en bronze doré à 18 lumières.

SALLE A MANGER

Cette salle présente cette particularité que le roi Louis XV avait fait établir dans le parquet une trappe par laquelle, sur une table volante, le repas était servi et se desservait tout seul et comme par enchantement. On lit à ce sujet dans le remarquable ouvrage de M. Desjardins sur le Petit-Trianon[1] : « Au signal, le parquet s'ouvre, la table toute dressée et chargée de mets sort, accompagnée de quatre servantes ou postillons également garnis. A chaque service, le milieu disparaît, il ne reste que le pourtour, où sont les assiettes ; une rose en métal ménagée dans l'épaisseur du cercle étend ses feuilles et cache le vide. La partie qui est descendue s'arrête au rez-de-chaussée où on la couvre de nouveau. Quand elle est remise en mouvement, vers le premier étage, la rose en métal se retire pour lui livrer passage. Le repas fini, table et postillons s'enfoncent dans le sol, les feuilles du parquet reprennent leur place et se rejoignent si exactement qu'il faut les avoir vues s'ouvrir pour croire qu'elles sont mobiles. » — On dit que c'est sous Louis XVI que le mécanisme de l'ascension de la table a été supprimé.

1. Desjardins, *Le Petit Trianon*, histoire et description, 1 vol in-8 avec jolies gravures. (Couronné par l'Académie française.) 25 fr. Versailles, L. Bernard.

Cheminée en marbre bleu turquin.

Boiseries exécutées par ordre de Marie-Antoinette, sculptures en demi-relief représentant les attributs des arts.

Deux tableaux envoyés par Marie-Thérèse à Marie-Antoinette, en 1778, représentant, l'un, une scène d'un opéra de Gluck, l'autre une scène de ballet jouée par les archiducs et les archiduchesses pendant les fêtes du mariage de Joseph II, en 1768.

Portrait de Louis XVI, par Callet.

Portrait de Marie-Antoinette, par Roblin.

Le Bain, par Pater.

La Pêche, par Pater.

Deux commodes, style Louis XVI, en bois de placage des îles, ornements en bronze ciselé et doré.

Guéridon en stuc, avec carte géographique dessinée par Louis XVI, pour l'instruction de son fils, le Dauphin.

Plusieurs vases en porcelaine de Sèvres.

Lustre à 16 lumières, style Louis XVI.

Meuble en bois sculpté et peint, style Louis XVI, couvert en tapisserie de Beauvais.

PETIT SALON

On remarque sur les lambris des corbeilles de fruits et les attributs des arts, sculptés en demi-relief.

Belle cheminée en marbre griotte d'Italie.

Bacchus et Ariane, tableau peint par Natoire, *Vénus et Adonis*, tableau peint par Lépicié, *Mort de Narcisse*, tableau peint par Lépicié.

L'Armoire à bijoux de Marie-Antoinette, en acajou massif, à trois vantaux et nombreux tiroirs, ornée de cariatides, groupes de femmes, guirlandes de fleurs et autres riches ornements en bronze ciselé et doré; décorée de médaillons et peintures en grisaille par de Gault.

ARMOIRE A BIJOUX DE MARIE-ANTOINETT

Console style Louis XVI, en bois sculpté et doré; vitrine style Louis XVI, bois peint en blanc, réchampi or.

Table forme ovale, en acajou, dessus en marbre blanc, à galerie découpée à jour, ceinture à guirlandes de fleurs en bronze ciselé et doré, médaillons en biscuit.

Superbe candélabre à 8 lumières, en bronze ciselé et doré, pied triangulaire à perles, consoles à oves, guirlandes de fleurs et têtes de femmes; petit culot supportant un vase à fond bleu et étoiles, anses et appliques représentant des Amours.

Deux vases feuille d'eau, fond turquin, décor or, sujets : la Vérité, l'Éducation de l'Amour.

Deux vases Furtado, fond violet, sujets : Cartels de fleurs et Oiseaux.

Trois groupes en biscuit de Sèvres : Bacchus, Bacchante, Jeune femme.

Meuble style Louis XVI, bois sculpté peint en gris, couvert en lampas fond rouge.

GRAND SALON

Lambris sculptés en demi-relief : branches de fleurs de lis avec fonds de tournesols sous des couronnes de roses ; attributs de la peinture et de la Musique.

Belle cheminée en brèche violette, coupée carrément, ornée d'une fleur de lis au milieu d'un entourage d'asters et de lauriers avec de grosses guirlandes de feuilles retombant le long des montants.

Quatre tableaux de Pater, représentant la *Danse*, la *Balançoire*, le *Repas champêtre*, le *Concert champêtre*.

Sur la cheminée, deux vases en bois pétrifié, avec enroulements de fleurs, fruits, etc., en bronze richement ciselé et doré.

Quatre bras en bronze ciselé et doré : cors de chasse réunis par un nœud de rubans, tige, branche de chêne terminée par un pied de biche.

Piano à queue, ancien style Louis XVI, en acajou, dit de Marie-Antoinette, incrustations en ébène et citronnier.

Pupitre de musique en bois sculpté et doré.

Table-bureau, style Louis XV, dessus en riche marqueterie représentant l'Astronomie.

Table à dessiner en acajou moucheté.

Vase en porcelaine de Sèvres, pâte tendre, à couvercle fond brun. Médaillon : *Princesse de Lamballe*.

Œuf d'autruche, peint, monté sur pied en bois de grenadier.

Meuble en bois peint en gris, style Louis XVI, couvert en gros de Tours, fond blanc, broché, dessin à bouquets.

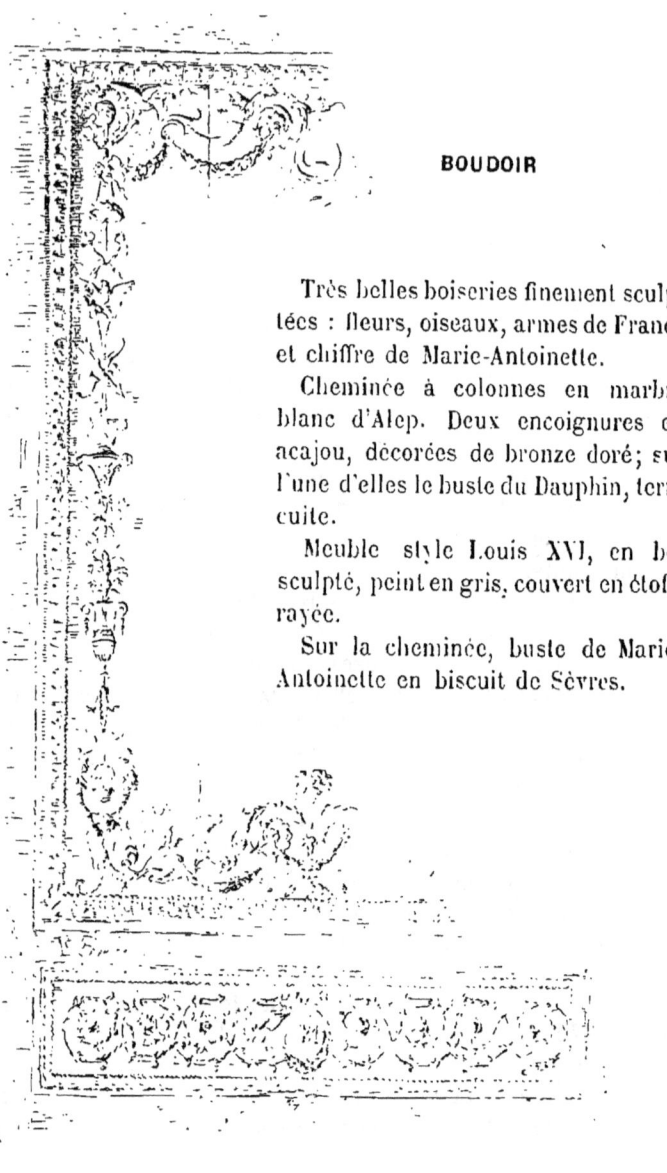

BOUDOIR

Très belles boiseries finement sculptées : fleurs, oiseaux, armes de France et chiffre de Marie-Antoinette.

Cheminée à colonnes en marbre blanc d'Alep. Deux encoignures en acajou, décorées de bronze doré; sur l'une d'elles le buste du Dauphin, terre cuite.

Meuble style Louis XVI, en bois sculpté, peint en gris, couvert en étoffe rayée.

Sur la cheminée, buste de Marie-Antoinette en biscuit de Sèvres.

CHAMBRE DE LA REINE

CHAMBRE A COUCHER DE LA REINE

Lit en bois sculpté, style Louis XVI, peint en gris, couvert en lampas Louis XVI, fond jaune, dessin blanc.

Draperies en lampas fond jaune, doublées en taffetas blanc.

Tapis de lit en gros de Tours, fond blanc, brodé à la main à l'occasion du mariage de Marie-Antoinette.

Commode de l'époque de Louis XVI, à contours et ressauts en bois de rose et amarante, ornements en bronze ciselé de Gouthière, dessus en marbre bleu turquin.

Deux bergères, forme gondole, style Louis XVI, bois peint, couvertes en lampas fond jaune.

Quatre chaises, style Louis XVI, bois sculpté peint, chiffre M. A. couvertes en satin blanc avec fleurs coloriées géroline.

Sur la cheminée, pendule en bronze richement ciselé et doré; sur le socle, médaillon et attributs champêtres. Le mouvement, supporté par deux aigles, est entouré et surmonté de bouquets de fleurs.

Deux candélabres en bronze ciselé et doré, à une lumière; socle surmonté d'un vase duquel sort un bouquet d'œillets portant la bobèche.

Deux corbeilles triangulaires en porcelaine, monture en bronze doré.

Deux bras en bronze ciselé et doré, riches à 3 branches avec enroulement de feuilles et guirlandes de fleurs, fond bleu, terminés par une branche de vigne sur branches de laurier.

Deux vases cannelés, fond turquoise, cartels : les Forgerons.

Buste de Marie-Antoinette, en biscuit de Sèvres.

Portrait du Dauphin, pastel de Mme Lebrun.

CABINET DE TOILETTE

Une table de toilette en bois d'amarante, dessus à volets s'ouvrant en trois parties, glace à l'intérieur.
Chaises style Louis XVI, bois peint en gris, couvertes en toile perse.
Vases en porcelaine de Sèvres, fond bleu, médaillons, têtes d'empereurs romains.
Groupe en biscuit de Sèvres : Faune jouant de la flûte, Femme jouant du tambour.
Chaise d'affaires en laque de Chine, dite aventurine, avec incrustations en nacre de Perse.

CHAPELLE

Cette chapelle a été construite en 1773, sur l'ordre de Louis XV ; elle est éclairée de chaque côté par deux grandes fenêtres et lambrissée dans toute sa hauteur. Au fond, deux colonnes doriques en bois, cannelées, soutiennent une tribune bordée par une balustrade.

Sur l'autel est un retable couronné par un petit fronton et orné d'un tableau, peint par Vien, qui représente un trait de la légende de saint Thibaut : le saint offre à Louis IX et à Marguerite de Provence, venus en pèlerinage à l'abbaye des Vaux-de-Cernay, quelques jours après leur mariage, une tige de lis à onze branches, emblème prophétique de leur future postérité.

LE HAMEAU, PARCS ET JARDINS

LE JARDIN FRANÇAIS

Le jardin français, situé entre le Petit-Trianon et le chemin creux qui conduit au grand parc, a la forme d'un parallélogramme; commencé en 1759, il fut achevé en 1761. Planté de bosquets et orné de bassins, c'était, dit l'auteur du Livre « le Petit-Trianon », le plus soigné et le dernier des jardins français. En effet, une mode nouvelle, venue d'Angleterre, allait envahir la France et détrôner l'art de Le Nôtre.

PAVILLON FRANÇAIS

Pavillon octogone, accosté de quatre cabinets, placé au milieu d'un jardin planté de bosquets, de charmilles et orné de bassins. Ce pavillon, qui servait de salon de jeu et de conversation, date de 1750; il a été édifié par l'architecte Gabriel. Il est couvert d'un toit en terrasse avec balustrade surmontée de groupes d'enfants. A l'intérieur, dans le salon central, huit colonnes corinthiennes, placées dans les angles de l'octogone, portent des consoles à têtes de femmes qui soutiennent un plafond en coupole. Sur la frise

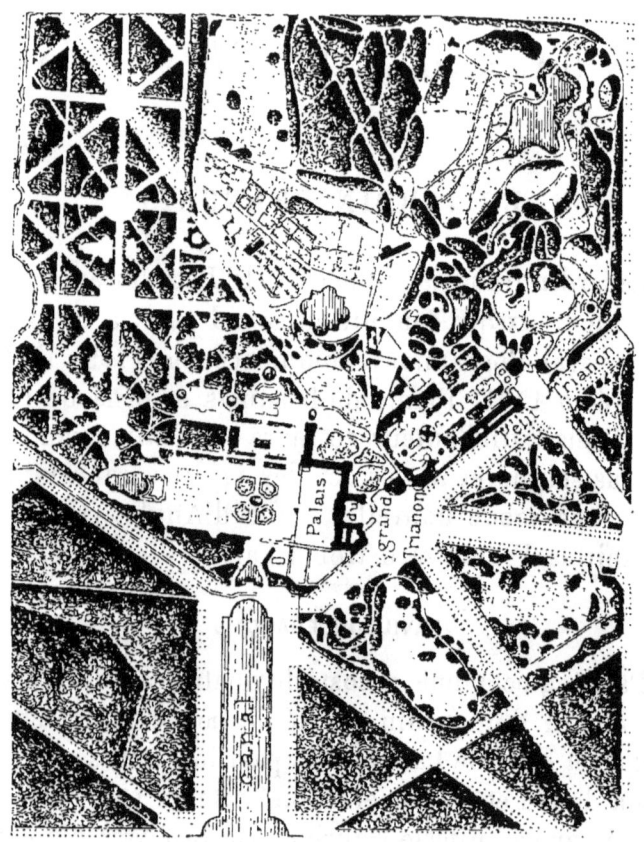

courent des cygnes, des canards, des pigeons, des coqs et des poules. Au-dessus des portes, des Amours tiennent des corbeilles ou des cages. Sur la coupole est peint un aigle prenant son essor vers l'empyrée.

Pendant la première Révolution, un café fut établi au pavillon français et un bal public installé dans le jardin ; on y dansait plusieurs fois par semaine. En 1805, Napoléon, qui voulait reconstituer l'ancien domaine royal de Versailles, renvoya avec indemnité le cafetier du pavillon français.

PAVILLON FRANÇAIS

LE THÉATRE

Depuis 1776, une salle de spectacle formée d'un bâti de planches, de toile et de carton, était établie dans le bâtiment de l'orangerie. Cette installation était très incomplète ; la reine Marie-Antoinette fit étudier, par l'architecte Mique, un projet d'un vrai théâtre muni de tout l'appareil nécessaire. Ce projet adopté, les travaux commencèrent en juin 1778 et, en juillet 1779, le théâtre était prêt à être livré aux acteurs.

La salle n'a que deux rangs de loges avec un parterre en contre-bas. Au sommet de la salle règne une frise ornée d'un rang de couronnes entrelacées. La voussure est percée de douze œils-de-bœuf entre lesquels des enfants tiennent des guirlandes de fleurs et de fruits. Ces sculptures sont en pâte de carton. La deuxième galerie est portée sur des volutes chargées d'une dépouille de lion ; c'est la devise de Louis XVI. La salle était éclairée par deux candélabres placés aux coins de l'avant-scène : ce sont deux groupes en plâtre de deux femmes chacun ; elles portent un grand cornet garni de soleils, de roses, de lis étagés en girandole, parmi lesquels brillaient quatre-vingt-onze flammes de bougies.

En juillet 1779, le peintre Lagrenée termina le plafond de la salle qui représente *Apollon dans les nuages*, accompagné des Grâces et des Muses autour desquelles voltigent des Amours tenant des fleurs et des flambeaux.

Le théâtre de Trianon fut entièrement dirigé par la reine : choix des pièces, décors, police de la salle, impression des affiches sur satin blanc, tout dépendait d'elle. La troupe se composa de la reine, de madame Élisabeth, des duchesses de Guiche et de Polignac, de la comtesse Diane de Polignac, du comte d'Artois, du comte Esterhazy, de MM. d'Adhémar, de Crussol, de Guiche et de Vaudreuil.

La première représentation eut lieu le 1er août 1780 ; on joua *le Roi et le Fermier*, et *la Gageure imprévue*, de Sedaine. La dernière fut donnée le 19 août 1785, on joua *le Barbier de Séville*, pièce dans laquelle Marie-Antoinette remplit le rôle de Rosine.

Le 13 avril 1848, une société d'amateurs donna au théâtre de Trianon une représentation au profit des ouvriers de Versailles, on y joua *le Maître de chapelle*, *un Artiste aux enfers* et *Michel et Christine*.

<small>Le théâtre peut être visité par les personnes qui en font la demande au régisseur des Palais de Trianon.</small>

LE JARDIN ANGLAIS

Le don du Petit-Trianon fait par le roi à Marie-Antoinette amena la création d'un jardin à la mode, jardin nommé alors anglo-chinois, et tel que nous le voyons encore aujourd'hui. De plusieurs projets, celui proposé par le comte de Caraman fut adopté, puis modifié par l'architecte Mique. Le motif principal était une rivière descendant du point le plus élevé, faisant le tour de l'enceinte, avec de vastes pelouses ornées de fleurs sous les fenêtres du château et trois groupes principaux de bosquets disposés de manière à former des points de vue. L'architecte Mique eut la direction des travaux. Le sol fut creusé pour avoir des lacs et une rivière, ou surélevé pour produire des mouvements de terrain. Le jardinier Antoine Richard planta ce jardin d'arbres magnifiques qui en sont encore le plus bel ornement. Au nombre de ces arbres on distingue : des cèdres du Liban et de Virginie, des hêtres rouges, des cyprès chauves, des pins de Caramanie, de Corse, d'Autriche, des catalpas de la Caroline, des chênes rouges, au kermès, à feuilles de saule, des mélèzes, des copals-styras, etc., etc.

LE BELVÉDÈRE

Dans le plan d'ensemble du jardin du Petit-Trianon on devait établir, sur l'emplacement des terrasses, un groupe de coteaux avec un grand rocher ; plusieurs fabriques devaient orner le paysage : un ermitage, un salon hydraulique, une ruine, un belvédère près du rocher. De ces derniers projets, le belvédère et le groupe de rochers furent seuls édifiés.

Le belvédère est un pavillon octogone élevé sur une roche ; commencé en 1778, il fut terminé en 1781. Quatre portes et quatre fenêtres alternées sont ouvertes dans les huit pans de murs. Au-dessus de chaque fenêtre on voit un bas-relief représentant les allégories des quatre saisons. Des balustrades garnissent le bas des fenêtres et couronnent l'édifice dont le toit a la forme d'un dôme.

A l'intérieur les murs ont été revêtus de stuc. Sur chacun des huit panneaux sont peints des trophées qui se composent d'instruments de musique, d'outils de jardinage ou de pêche, de flambeaux, caducées, carquois, corbeilles, poignards croisés, cœurs percés de flèches, colombes, etc. Le sol est pavé d'une mosaïque de marbre bleu turquoise, vert, blanc-veiné, rouge.

LA GROTTE

Après avoir dépassé l'orangerie, le promeneur rencontre sur son chemin de grosses roches couvertes de mousse qui conduisent à un ravin caché sous bois ; s'il en descend la pente, il se trouve tout à coup dans une grotte où tombe en cascade une source dont les eaux forment un petit ruisseau qui va se jeter dans le lac. Cette grotte était autrefois toute tapissée de mousse ; un lit également de mousse invitait au repos. Une crevasse qui s'ouvrait à la tête du lit de repos laissait apercevoir toute la prairie et les personnes qui s'approchaient de ce réduit.

LE ROCHER DU BELVÉDÈRE

La construction du rocher artificiel fut très laborieuse ; cette construction, commencée en 1779, ne fut achevée qu'en 1782, et encore dut-on la remanier plusieurs fois dans la suite. Une source sortant de la montagne s'épanchait dans un petit lac derrière le rocher, à travers les fissures duquel l'eau s'échappait en bouillonnant pour former un plus grand lac.

LE BELVÉDÈRE

LE TEMPLE DE L'AMOUR

Ce temple, édifié par l'architecte Mique, d'après un modèle en bois, plâtre, mastic et cire, fait par le sculpteur Deschamps, est situé dans la grande île formée par la rivière basse. Il est composé de douze colonnes corinthiennes supportant une coupole en pierre de Conflans. Le pavé est en marbre blanc veiné à compartiments bordés de rouge. Dans les entre-colonnements sont encastrées des bandes de marbre de Flandre. Le centre de la coupole est orné d'un trophée de six pieds de diamètre, encadré d'un tore de fleurs et composé des attributs de l'Amour. Ce temple recouvre et protège une statue de Bouchardon, dont le sujet est *l'Amour adolescent se taillant un arc dans la massue d'Hercule*[1]. Cette charmante construction est entourée de grands arbres et d'arbustes divers. Les ponts qui donnent accès dans l'île étaient autrefois garnis de caisses de fleurs.

1. L'original est au Musée du Louvre. La statue placée au centre du temple n'est qu'une reproduction.

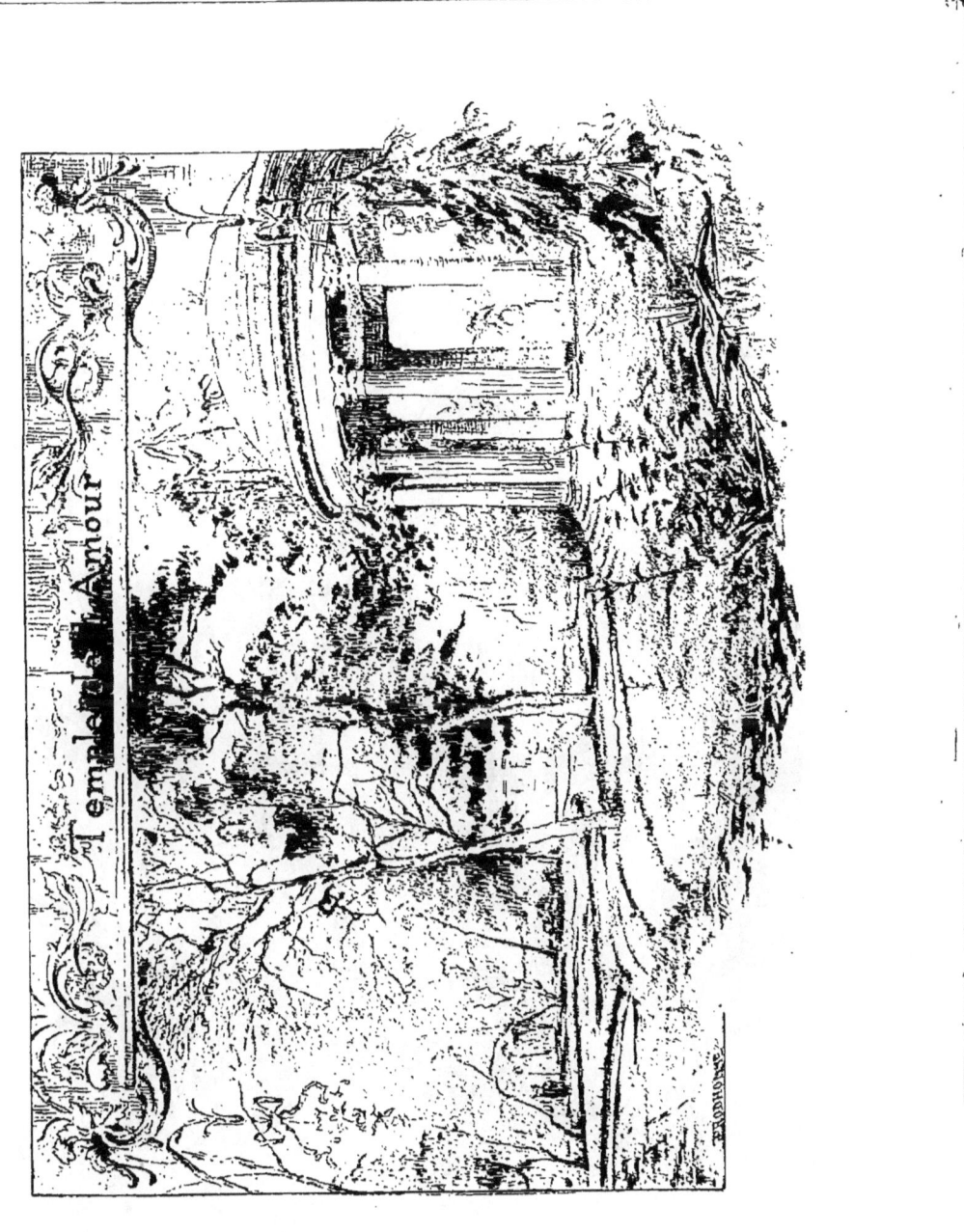

LE MOULIN

LE HAMEAU

Le prince de Condé s'étant fait bâtir un hameau dans un coin de son parc de Chantilly, la reine désira en avoir un à Trianon. Le roi donna pour l'établir le terrain au nord-est du jardin anglais, entre l'allée de Saint-Antoine, l'allée du rendez-vous et le bois des onze arpents. On le ceignit d'un fossé, prolongé jusqu'à la limite du Grand-Trianon. Les maisons se construisirent pendant l'été de 1783 ; elle se divisent en deux groupes principaux.

Le premier groupe comprend : le moulin, le boudoir, un grand manoir dénommé maison de la reine (improprement appelé de nos jours maison du Seigneur) et de bâtiments situés en arrière pour le service.

Le second groupe comprend cinq fabriques : des loges pour le garde et le jardinier, une grange, un poulailler et une tour avec des dépendances contenant une laiterie et une pêcherie. A l'écart, près du bois des onze arpents, une ferme.

L'extérieur de toutes ces maisons fut revêtu d'une décoration imitant la vieille brique, la pierre effritée et le bois vermoulu. La façade de chaque maison était décorée de vigne vierge et de plantes grimpantes; autour des maisons il y avait des jardins bordés de haies.

A la tour qui s'élevait fut donné le nom de tour de Marlborough. (En 1783 tout était à la Marlborough.) Cette tour est une réminiscence de la tour de Gabrielle au bord du lac d'Ermenonville.

La maison de la reine se distingue par son étendue et par sa construction bizarre, laquelle ne sort de la simplicité rurale que pour prendre une tournure de féerie. Ce manoir se compose de deux corps de logis reliés entre eux par une galerie qui était peinte en vert-olive; celui qui est à droite était, à l'origine, spécialement désigné par le nom de maison de la reine; le bâtiment de gauche s'appelait maison du billard.

Derrière le manoir principal, et entouré d'arbres, se cache le réchauffoir contenant les locaux nécessaires au service: cuisine, fournil, bûcher, garde-manger, etc., et une maison pour les valets de pied.

La laiterie ne fut terminée qu'en 1786; les murs et

LE BOUDOIR

le sol sont revêtus de marbre à l'intérieur ; un filet d'eau traversait la pièce et y entretenait la fraîcheur. Elle était garnie de tables de marbre qui supportaient des terrines à lait, des plateaux à fromage, des beurriers, etc., en porcelaine décorée provenant de la manufacture de la reine.

Ce petit village borde les rives d'un lac formé par deux sources qui tombent de grottes cachées sous des buissons et se réunissent en un cours d'eau descendant le long d'un vallon aux pentes gazonnées. Du lac sort à gauche un bras de rivière et à droite un ruisseau qui faisait tourner la roue du moulin.

Le hameau[1] présentait véritablement l'aspect d'une exploitation rurale. Il était animé par les bestiaux qui paissaient sur les pelouses, sous la garde d'un berger, et par le va-et-vient des jardiniers, des gens de la ferme, etc.

C'était là que la reine et sa société, le roi et ses frères s'amusaient à jouer des bergeries de Florian ou de Berquin ; le plaisir de parcourir toutes les fabriques du hameau, de voir traire les vaches, de pêcher dans le lac, enchantait la reine. Au milieu de ses familiers elle aimait à vivre d'une vie simple et libre : on lisait, on causait, on travaillait à l'aiguille, ou bien l'on s'amusait à une berquinade ou à manger

1. L'intérieur des maisons du Hameau ne peut être visité qu'en vertu d'une autorisation délivrée par le régisseur des Palais de Trianon.

MAISON DE LA REINE

des fruits sur l'herbe et encore à danser sur la pelouse. Plus de cour, plus d'étiquette, plus de repas officiels si ennuyeux, plus de disgracieuses toilettes d'apparat : une vie intime, une vie de famille, dont le cérémonial était banni, et pour toilette une robe de linon, un fichu et une coiffe de dentelle, telle était l'existence de Marie-Antoinette à Trianon.

LE PRESBYTÈRE

JARDIN DU FLEURISTE

Ce jardin a été créé vers 1758, sous Louis XV, par Claude Richard, fils d'un Irlandais émigré en France à la suite de Jacques II, à qui le roi en confia la direction.

On y voit plusieurs arbres remarquables : un *sophora pendula* ou saule pleureur, deux arbres de la Californie (*Wellingtonia gigantea*) qui atteignent en Amérique jusqu'à 150 mètres de hauteur; un hêtre à feuilles de fougère (*fagus æspholia*), un *abies puirapo*, un *abies Normanniæ*, un *abies silicica*, un palmier *chamærops unilis*, etc. Le terrible hiver de 1879-1880 a fait périr quelques arbres rares au nombre desquels on remarquait des chênes-lièges, des chênes noirs, un pin gigantesque, etc.

Parmi les fleurs qui ont valu son nom à cet agréable jardin nous citerons particulièrement une riche collection de rhododendrons, d'azalées, de magnifiques magnolias de différentes espèces et d'autres plantes de terre de bruyère.

LA FERME

JARDINS DU GRAND-TRIANON

Devant le péristyle se développe le parterre supérieur ou terrasse avec deux bassins circulaires, au milieu desquels on remarque deux groupes en plomb, de Girardon, *Enfants jouant avec des coquillages*. Le parterre inférieur est divisé en deux parties, séparées par un bassin octogone ayant à son centre un groupe en plomb de Marsy, *Jeune Faune couché sur un lit de raisins*.

De cette terrasse la vue s'étend sur une partie du canal du parc de Versailles et jusqu'aux pentes nord du plateau de Satory. Un grand escalier en fer à cheval donne de la terrasse accès au bras du canal.

Les statues qui décoraient les autres bassins et allées du jardin ont été enlevées.

A l'extrémité de l'allée de la cascade qui fait face à Trianon-sous-bois, se trouve une fontaine nommée la Cascade ou le Buffet, composée de trois gradins du sommet desquels l'eau retombe en cascade dans la vasque inférieure. Cette œuvre d'art, exécutée d'après les dessins de Mansart, est en marbre blanc et en marbre du Languedoc. Le Buffet est surmonté des statues de Neptune et d'Amphitrite, accompagnées de deux lions, soutenant une corne d'abondance d'où

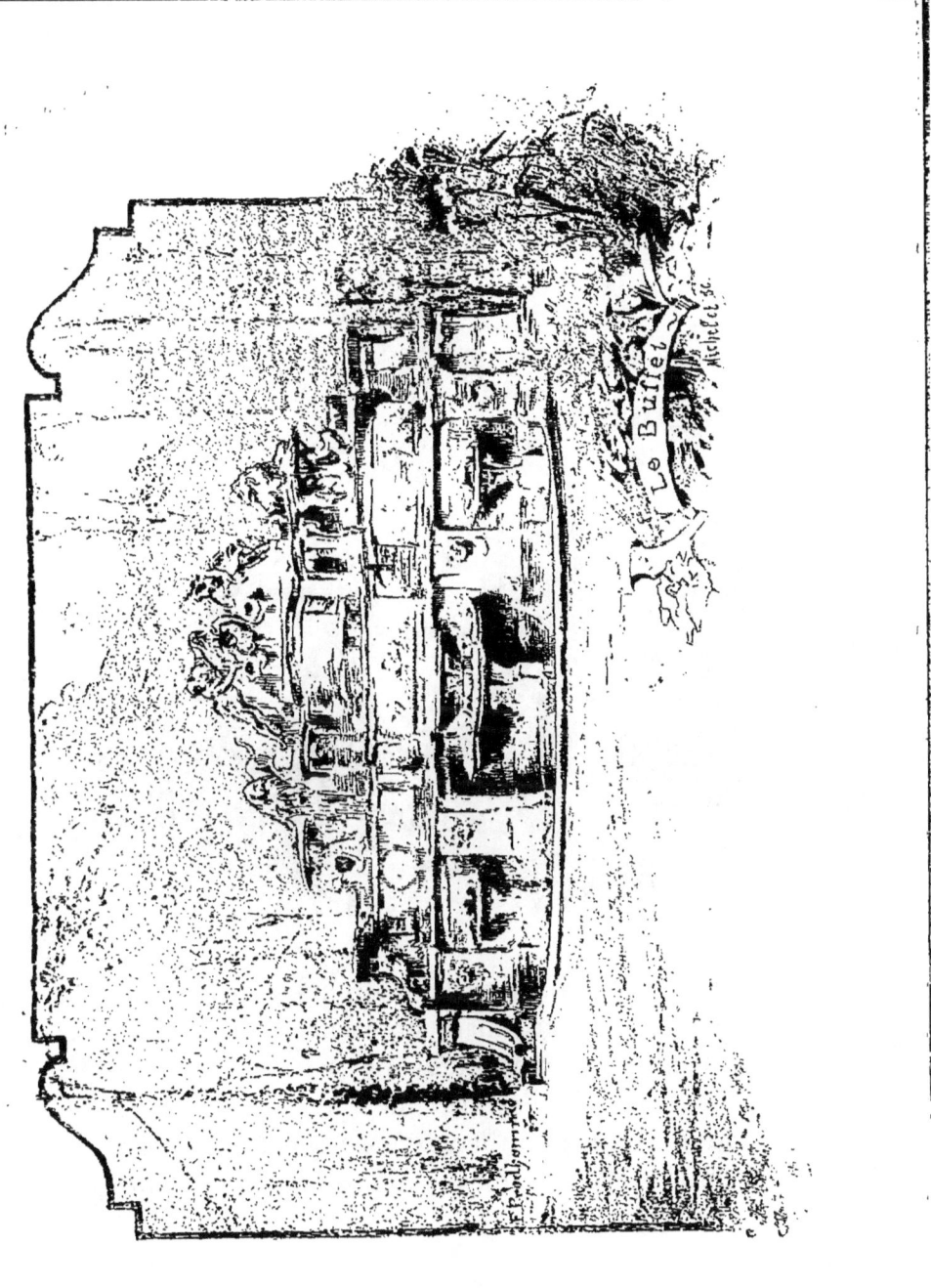

l'eau s'épanche dans deux vasques entourées de petits tritons. La face du second gradin est ornée de bas-reliefs dont celui du milieu représente le *Triomphe de Thétis*. Le gradin inférieur est composé de trois

vasques de marbre et de quatre mascarons en plomb. Cette œuvre d'art, malheureusement en très mauvais état, ne fonctionne plus, elle mérite d'être réparée.

En face de l'escalier de Trianon-sous-bois, un grand bassin au milieu duquel est placé un groupe en plomb, de Marsy, *Faune jouant avec une panthère*.

Plus loin, au milieu de la partie supérieure du jardin étagé en amphithéâtre, un bassin circulaire au centre duquel se trouve un groupe de quatre nymphes, en plomb, de Hardy ; aux angles de la terrasse, deux vases également en plomb, par Le Lorrain, dont le couvercle est orné de deux petites figures d'enfants tenant une guirlande de fleurs.

Sur le pourtour de cet amphithéâtre sont rangés, sur des gaines en marbre de couleurs différentes, vingt-quatre bustes en marbre blanc, d'après l'antique, dominés au centre par le buste d'Alexandre le Grand.

Les jardins du Grand-Trianon ont été dessinés par Mansart ; les eaux jaillissantes y abondaient comme à Versailles.

TABLE DES MATIÈRES

ORIGINES DE TRIANON

Trianon de porcelaine... 7

LE GRAND-TRIANON

Notice historique... 11
Grands appartements... 18
Trianon-sous-Bois... 35
Petits appartements... 36
Appartement neuf... 40
Musée des voitures... 43

LE PETIT-TRIANON

Notice historique... 49
Les appartements... 53

LE HAMEAU, PARCS ET JARDINS

Le Jardin français... 65
Le Théâtre... 68
Le Jardin anglais... 70
Le Belvédère... 71
La Grotte... 72
Le Rocher du Belvédère... 72
Le Temple de l'Amour... 74
Le Hameau... 77
Le Jardin du fleuriste... 84
Les Jardins du Grand-Trianon... 86

TABLE DES GRAVURES ET PLANS

	Pages		Pages
Le Petit-Trianon.	4	La Lanterne du vestibule.	52
Trianon de porcelaine.	8	Plan du Petit-Trianon.	53
Plan du Grand-Trianon	10	Console de l'antichambre.	54
Le Grand-Trianon (côté de l'entrée).	11	Armoire à bijoux.	57
		Table du petit salon.	58
Le Grand-Trianon (aile droite).	15	Panneaux du boudoir.	60
— — (côté de la terrasse).	17	Chambre de la reine.	61
Salon des Glaces.	19	La Laiterie et la Tour de Marlborough.	64
Panneaux de la chambre à coucher.	20	Plan d'ensemble des Trianons.	66
Lit de Louis-Philippe.	21	Pavillon français.	67
Le Péristyle ou Vestibule	25	Le Belvédère.	73
Salle circulaire.	27	Le Temple de l'Amour.	75
Vase, le Retour du conscrit.	38	Le Moulin.	76
Bureau empire et Coupe le Temps.	39	Le Boudoir.	79
		Maison de la reine.	81
Chaise à porteurs	44	La Tour de Marlborough.	82
La Voiture du Sacre.	45	Le Presbytère.	83
Traîneau.	47	La Ferme.	85
Le Vestibule du Petit-Trianon.	48	Le Buffet.	87
Le Petit-Trianon et la Chapelle.	49	Les Nymphes.	88
		Vase aux Amours.	89

15709. — Imprimerie A. Lahure, rue de Fleurus, 9, à Paris

L. BERNARD, LIBRAIRE-ÉDITEUR. VERSAILLES.

LE PETIT-TRIANON
HISTOIRE ET DESCRIPTION
Par GUSTAVE DESJARDINS
Ancien archiviste du département de Seine-et-Oise.

Un beau volume in-8° illustré de 22 vues et plans hors texte.
Couronné par l'Académie française.

PRIX : **25** FRANCS

Il a été tiré 15 exempl. numérotés sur pap. du Japon... (1 à 15) 50 fr.
— 15 — — de Chine... (16 à 30) 50 fr.
— 40 — — de Hollande. (31 à 70) 40 fr.

Cette histoire du Petit-Trianon est entièrement nouvelle et forme une véritable monographie de ce palais célèbre, rédigée d'après des renseignements, la plupart inédits, trouvés aux Archives nationales et dans les Archives du département de Seine-et-Oise.

Le lecteur suivra dans ce volume les transformations que la fantaisie de Louis XV d'abord, de Marie-Antoinette ensuite ont fait subir à leur résidence favorite; il y trouvera des indications nouvelles sur les artistes à peine connus qui y ont travaillé, et sur le début et le progrès de la révolution qui s'est produite dans le domaine de l'architecture, du jardinage, du mobilier, etc., etc., à la fin du dix-huitième siècle.

Les comptes, dépouillés minutieusement, ont donné l'indication de toutes les dépenses de construction et de décoration, ainsi que la description de nombreux objets disparus depuis. Les moindres faits qui ont eu le *Petit-Trianon* pour théâtre sont relevés, avec le plus grand soin, et tous les personnages qui ont figuré sur cette scène à un titre quelconque sont étudiés en détail.

Les amateurs du dix-neuvième siècle, les botanistes, les bibliophiles trouveront un vif intérêt à la lecture et à l'illustration de ce volume qui forme un complément précieux à l'*Histoire du Château de Versailles*, par M. L. DUSSIEUX.

L. BERNARD, LIBRAIRE-ÉDITEUR, VERSAILLES.

LE CHATEAU DE VERSAILLES

HISTOIRE ET DESCRIPTION

Par L. DUSSIEUX

Professeur honoraire à l'Ecole militaire de Saint-Cyr
Chevalier de la Légion d'honneur, Officier de l'Instruction publique
Correspondant honoraire du Comité des Travaux historiques.

Deuxième édition

OUVRAGE HONORÉ D'UNE SOUSCRIPTION DU MINISTRE DE L'INSTRUCTION PUBLIQUE

2 volumes in-8° ornés d'une *eau-forte* gravée d'après une aquarelle de Cochin, représentant madame de Pompadour jouant la comédie devant Louis XV, de 9 *héliogravures* et 25 *plans* gravés la plupart d'après des documents inédits.

PRIX : **25** FRANCS.

Cette publication est la première qui donne l'histoire et la description complète du Château de Versailles, de son parc, de ses bosquets et fontaines et de ses dépendances, Trianon, Clagny, La Ménagerie et Marly.

L'auteur déjà connu par ses importantes publications a pris le Château à l'époque de son origine sous Louis XIII, et à l'aide des mémoires du temps, de nombreux plans et gravures, nous fait assister à toutes les transformations continuelles, du Château, des bosquets et fontaines, faites par Louis XIV et ses successeurs jusqu'à nos jours, avec les noms des grands artistes qui ont contribué à sa décoration.

Tous les faits historiques qui ont eu chacune des salles du Château pour théâtre sont racontés avec une authenticité incontestable et des anecdotes amusantes.

Le succès obtenu par les deux premières éditions est une preuve convaincante de l'intérêt du lecteur pour ces deux volumes.

L. BERNARD, LIBRAIRE-ÉDITEUR, VERSAILLES.

HISTOIRE
DE MADAME DU BARRY

D'APRÈS SES PAPIERS PERSONNELS

Et les Documents des Archives publiques

PRÉCÉDÉE D'UNE

INTRODUCTION

Sur Mme de Pompadour, le Parc aux Cerfs et Mlle de Romans

Par Charles VATEL

3 forts volumes in-18, avec gravures et portraits : **15** francs

Il a été tiré 50 exemplaires sur papier de Hollande : **30** *francs*

Le dix-huitième siècle nous a légué sur madame du Barry une légende toute faite : origine, généalogie, mœurs, aventures, détails les plus secrets et les plus hauts, les événements les plus secrets et les plus intimes, rien n'y manque,... si ce n'est la vérité.

Les noms les plus hauts, les événements les plus graves se trouvent mêlés à son histoire et entachés par des récits menteurs et perfides.

L'ouvrage de M. Vatel a la prétention, non pas de réhabiliter madame du Barry, mais de rectifier les erreurs accréditées et d'établir la vérité dans l'histoire, encore si peu connue, des dernières années de Louis XV. M. Vatel n'a écrit que d'après des documents authentiques et a rejeté, après avoir prouvé qu'elles étaient fausses, toutes les anecdotes et tous les faits inventés par les folliculaires et sans cesse répétés depuis eux.

M. Vatel a détruit leur œuvre mensongère.

Héritier de tous les papiers personnels de madame du Barry, dont l'ensemble forme de 1200 à 1500 pièces données par lui à la Bibliothèque de Versailles, il a eu à sa disposition les témoignages et les souvenirs de Mlle de La Neuville, cousine de madame du Barry, et de nombreux mémoires inédits. Enfin, il a consacré à son travail trente années de patientes recherches faites dans nos bibliothèques et nos dépôts d'archives de France.

L. BERNARD, LIBRAIRE-ÉDITEUR, VERSAILLES.

OUVRAGES
SUR
VERSAILLES ET SES DÉPENDANCES
EN VENTE A LA MÊME LIBRAIRIE

BALDUS. — **Palais de Versailles**, Grand et Petit Trianon, motifs de décoration intérieure et extérieure, reproduits par les procédés d'héliogravure de E. Baldus. Prix, en carton. . . . . 150 fr.

BONNASSIEUX. — **Le Château de Clagny** et Mme de Montespan, histoire d'un quartier de Versailles, petit in-18, avec portrait, plans et vues. . . . . 10 fr.

CLÉMENT DE RIS. — **Supplément au catalogue du Musée de Versailles**. Brochure in-12. . . . . 0.75 c.

DELEROT. — **Ce que les poètes ont dit de Versailles**. In-18. 1 fr.

DESJARDINS, ancien archiviste du département. — **Tableau de la guerre des Allemands** dans le département de Seine-et-Oise (1870-1871). 1 vol. in-8 avec carte. . . . . 5 fr.

GUIFFREY. — **Comptes des bâtiments du roi**, sous le règne de Louis XIV. . . . . 50 fr.

GUILLAUMOT, dessinateur et graveur. — **Monographie du Château de Marly-le-Roi**. — In-folio de 30 planches gravées sur acier. Prix, en carton. . . . . 75 fr.

LAVALLÉE. — **Madame de Maintenon et la Maison royale de Saint-Cyr (1686-1793)**, 1 vol. in-8. . . . . 8 fr.

LE ROI, ancien bibliothécaire de la ville. — **Histoire de Versailles**, de ses rues, places et avenues. 2 vol. in-8, avec gravures . . . . 15 fr.

—— **Curiosités historiques sur Louis XIII**, Louis XIV, Louis XV, Mme de Maintenon, Mme de Pompadour, etc., avec introduction par Lavallée. 1 vol. in-8. . . . . 6 fr.

—— **Journal des règnes de Louis XIV et Louis XV**, de l'année 1701 à 1744, par Pierre Narbonne, premier commissaire de police de Versailles. 1 vol. in-8. . . . . 7 fr. 50

SOULIÉ. — **Catalogue du Musée de Versailles**, peintures et sculptures. 3 vol. in 12. . . . . 8 fr.

TAPHANEL. — **Le Théâtre de Saint-Cyr (1689-1792)**, d'après des documents inédits, avec une eau-forte. In-8. . . . . . . 7 fr. 50

VATEL. — **Notice historique sur la salle du jeu de paume de Versailles**. — Une brochure in-8 avec gravure : 2 fr. La même sur papier vergé avec plans inédits : 5 fr. Cette brochure contient, avec des documents très nouveaux, la liste des Membres de l'Assemblée ayant prêté le Serment du 20 juin 1789, ainsi que les Discours d'ouverture prononcés à l'inauguration du Musée de la Révolution établi en cette salle en 1883.

PUBLICATIONS
CARTES, GRAVURES ET PHOTOGRAPHIES
Du Château et de la Ville

www.ingramcontent.com/pod-product-compliance
Lightning Source LLC
Chambersburg PA
CBHW070259100426
42743CB00011B/2271